ニコラウス・クザーヌスとその時代

ニコラウス・クザーヌスとその時代

K・フラッシュ 著
矢 内 義 顕 訳

知泉書館

Nikolaus von Kues in seiner Zeit

by

Kurt Flasch

Japanese translation rights arranged with
Philipp Reclam jun. GmbH & Co., Stuttgart
through Japan UNI Agency, Inc., Tokyo

ニコラウス・クザーヌスとその時代　目　次

ニコラウス・クザーヌスとその時代

1　誕生と金《かね》

彼の生家は、川のほとりに立っている。モーゼル川が洪水になると、今日でもなお、それは町の建物を脅かす。いま話題になっているのは、モーゼル川中流の小さな町クースである。一つの橋が、この町とそれよりいくらか大きな町ベルンカステルを結んでいる。われわれがいるのは、コブレンツとトリーアとのあいだにあるワインの産地である。今日、この場所は辺鄙な印象を与える。もはや鉄道の連絡はない。アウトーバーンは、いくらか離れたところを走っている。けれども、ニクラス・クリュフツ（Niklas Kryffts）――高地ドイツ語で、ニコラウス・クレプス（Nikolaus Krebs）――が、ここで一四〇一年に誕生したとき、陸路の連絡よりも水路のほうが重要だった。水路を使えば、比較的安全に、そしていくらか快適にトリーアへと行くことができた。水路を利用してモーゼルを下ると、コブレンツに通じた。またコブレンツにいた者にとっては、金《かね》をもっていれば、世界が開かれていた。下流にはケルンとオランダが、上流にはマインツとバーゼルがあった。彼は、船でフランクフルトとハイデルベルクにたどり着くことができ、もしバーゼルにいたなら、イタリアへと向かうことができた。当時、南へと旅する者は、通常、スイスのアルプス越えを利用し、――後の時代のように――ブレンナー峠を利用することはなかったのである。

それゆえ、生活空間の境界が定められる。モーゼルからライン渓谷へ、マイン川とネッカー川に沿って、バーゼルを経てミラノとパドヴァに向かい、そこからフィレンツェを経てローマに到る。この領域を自由に移動するには、金が必要だった。われわれは、中世そして教会の来歴を話題にするとき、金について語ることに、ためらいを覚える。けれども、金がなければ、大聖堂を建てることもできなかった。金がなければ、商人であり船主だったヨーハン・クリュフツ（Johann Kryffts）も、一四一六年に、彼の息子をハイデルベルクに遊学させることなどはできなかった。当時、ニコラウスは一五歳だった。幸運にも彼の父親には金があった。彼は、金を貸し出すことができるほどに豊富にもっていたのである。この資金力によって、彼は、勃興しつつある都市貴族そしてより広い地域の貴族と関係を結ぶことができたのである。

一度でもクザーヌスの生家を目にした者は、家族が裕福だったことを疑うことはできない。けれども、長いあいだ、クザーヌスは貧しい家庭の出身である、という伝説が保持されていた。ドイツの哲学者マックス・シェーラーは、重要な思想家の一人であり、実際、二〇世紀前半の最も影響力のあった倫理学者だったが、彼はクザーヌスの出生を劇的に脚色したがった。クザーヌスを貧しい「牧童」と呼んだのである。これは途方もない誇張だった。もっと率直に言うと、まったくの間違いだった。それは、一五世紀のある人物がクースからローマ、そして教会の頂点への道を切り開いたことへの驚嘆を表明しているにすぎなかった。ニコラウスは、数年間で、ローマとラティウムにおける教皇代理となったのである。ここで思い起こすべきことは、彼がトリーアでもマインツでも司教座聖堂参事会員になることができなかった、ということである。ましてそこで大司教になるとするなら、そのためには、最も重要な前提条件が彼には欠けていた。高貴な生まれという前提である。その限りで、身分違いの者の立身出世の話ではあった。クザーヌスは、身分制の社会において、大学教育、駆け引き、成果によって出世の道を模索した市民階級だった。これにさまざまな幸運な出来事が加わった。彼の在世中に、経済状況は、気候の悪化、戦争、ペストが国土にもたらした破局から、徐々に回復していった。いくつかの地方、とりわけ、ハンザ、イタリアの地域は、好景気だった。とはいえ、オランダも景気に沸いた。船の輸送によるワインの取引と銀行業において、金が獲得され、若きニコラウスはそこから利益を得たのである。彼は、商人の生活を知るようになった。彼は、それがごまかしなしにはあり得ない、と述べたけれども、しかし、彼自身が利益に関して抜群のセンスを発揮した。彼は、教会の収益を集め、大量に免償を売り、聖職禄をため込んだ。彼は金に関心をもっていたのである。金は、世界の鍵として、理論的にも彼の関心を惹いた。彼は、神を、貨幣の鋳造権を持つ君主に比較した。人間は、硬貨の価値を定める両替商である。人間は、万物に自身の評価を割り当てる。「精神」とは、包括的な価値判断力である。そして、これこそ、枢機卿クザーヌスが金銭を例にして説明していることである。クザーヌスの人生の最初の幸福な境遇とは金だった。第二は教育、第三は若いときに結ばれた友人関係ということになろう。しかし、目下のところは、金の話題に留まることにしよう。

舞台はローマである。バイエルン公の息子たちが、高位聖職者を訪問する。そこから、哲学することよりも狩猟に熟達した若い貴族たちとの会話が始まる。その対話を聞くことにしよう。バイエルンの皇太子アルブレヒト（アルベルトゥス）は、ある思索の過程をまとめて、人間の尊厳をたたえる。以下は、『球戯について』（De ludo globi）の一節である。

アルブレヒト　理性的な本性（intellectualis natura）は、途方もなく高価な価値をもっています。というのも、その本性にはあらゆる価値を識別する力（discretio）が備わっており、またそれは何か驚くべきものだからです。この識別力は、この能力を欠くすべての本性を凌駕しています。

枢機卿　もしあなたが事柄をじっくりと考えてみるならば、理性的な本性に、神に次ぐ最高の価値を与えるでしょう。というのも、その識別力の中に、神の価値とあらゆる本性の価値が——認識と識別という点で——含まれているからです。確かに、理性(intellectus)は、価値をもつものに存在を授けるわけではありませんが、しかし、理性なくして、いかなる価値も区別されえず、それがあるかどうかということすらも、識別されえません。というのも、あなたが理性を取り去ったとするなら、価値をもつものが存在するかどうかを知ることもできないからです。価値の段階を把握する悟性的な能力(virtus rationalis)がなければ、あらゆる価値判断は停止し、それがなければ、あらゆる価値もなくなるでしょう。これによって、精神が、いかに価値をもつかが明らかになるでしょう。それがなければ、あらゆる被造物は価値をもたないことになるからです。したがって、もし神が、その創造の業が何らかの価値があるものと見なされるべきだ、と欲したのであれば、これらの被造物のうちに、理性的な本性を創造しなければならなかったでしょう。

アルブレヒト　つまり、こういうことでしょうか。もし、私たちが、神を貨幣製作者と見なすなら、理性はいわば両替商ということになる、と。

枢機卿　もしあなたが、神を、その崇高かつ全能の力によって、どんな硬貨でも造り出すことができる、いわば全能の貨幣製作者と考えるならば、この比較は、悪くはありません。つまり、どんな硬貨でも望むとおりに、たやすく造り出すことができる力をもつ人がいて、その人が、どんな硬貨でも識別し計算術を心得た能力をもつ両替商を任命するようなものでしょう。ただし、貨幣製造の技術は、彼だけが保持しています。他方、両替商は、硬貨の貴重な特質と価値、つまり、数と重さ、そして神から硬貨に与えられた単位を明らかにするでしょう。そうすることによってのみ、これらの硬貨の価値は知られ、それゆえ、貨幣製造者の力が知られるでしょう。こう考えられるならば、この比較は適切でしょう。

アルブレヒト　この貨幣の主人の力は、なんと偉大でしょう。あらゆる硬貨の財宝の全部がこの力の中にあります、そして、彼はこの財宝の中から、古い硬貨も新しい硬貨も取り出すことができ、金や銀そして銅といった、高い価値、低い価値、中ぐらいの価値をもつ硬貨を取り出すことができるのです。しかも、彼の財宝は、常に、同程度に無限で、尽きることがなく、使い尽くされることもありません。とはいえ、これらの硬貨を識別し、このように多彩な財宝をことごとく数え、重さを量り、それらの価値すべてを定める、両替商の力も偉大です。しかし、神の技術は、両替商の技術に無限に優っています。というのも、神の技術は存在を生起させ、両替商の技術は、認識されるようにするだけだからです。（一二三・一一―一一五・二二、『全集』第九巻一四〇頁以下）

これらは、クザーヌスの後期の文章である。おそらく一四六三年の初め、彼の死の一年ほど前に書かれた。神を貨幣製造者、人間を両替商とし、理性を賞賛することになるこの比較は、彼の好みに合った。彼が強調したことは、貨幣製作者の控え目な姿勢、そして硬貨の価値を定めなければならない人間が不可欠だということである。これによって、人間は並外れた位置を獲得する。彼が事物の価値を決定しなければ、神が創造した存在は、知られることもなければ、価値もない。それは、まったく未知の貨幣制度の硬貨のようなものなのである。

私は、枢機卿の念頭に彼の父親の商家における子供時代の経験があった、と言うのではない。間違いなく、そこでもしばしば、通貨が交換された。より大きな旅行ともなれば、通貨が異なる多くの地域を通ることになった。目的地に到着しようとする者は、自分の通貨が正しく交換されるかということについて、かなりの注意を要した。この当時、「理性」とは、正しく通貨を交換できる、ということだった。一五世紀にあっては、両替は、今日とはいくらか異なっていた。両替の職業は、すでにビザンツにおいて、またアラブ人たちのところでは存在していたが、特にこの世紀の中ごろに貨幣経済が増大したとき、硬貨が多様になることによって、その意義は高まったのである。クザーヌスのメタファーは、この歴史的な状況にきわめて精確にあてはまる。両替商は、多くの小さな地域の硬貨を識別しなければならなかった。彼らは、外貨の価値を決定しなければならなかった。価値の低い硬貨や贋金を選別しなければならなかった。硬貨を単位、数、重さに従って値踏みしなければならなかった。人がその価値を定めることができない貨幣には、いかなる価値もなかったのである。

2　さまざまな関係

第一に、有益な環境で、生まれたこと。第二に金《かね》。そして第三に教育。ヨーハン・クリュフツは、自分の金をうまく運用した。息子をハイデルベルクに遊学させたのである。一五歳の息子は、そこで、自然学、倫理学、論理学、修辞学も含めて、哲学の基本概念を学んだ。彼は、アリストテレスの主要な著作に精通した。また、中世後期の学問における分裂した二つの主要な方向、つまり唯名論と実念論があることも知った。当時はまだ歴史の浅かったハイデルベルク大学（一三八六年創立）において優勢だったのは、パリから輸入されたばかりの穏健な唯名論的方向だった。それによって、この若者は、思考が事物とどのように関係するのか、個別の実在は普遍的な諸概念に相応するのか否か、という問いに遭遇した。けれども、彼は、自分の知的な故郷を、これらの論争には見いださなかった。彼は、ハイデルベルクにたった一年しか留まらなかった。そこから、彼は、自分の人生にとって決定的な歩みを進めた。パドヴァに遊学したのである。学んだのは法学だった。一四二三年――二二歳になっていた――彼は、ローマ法、教会法の博士として学業を終えた。教会法の専門家であることは、一五世紀にあっては、すみやかに昇進するための最良の条件だった。敬虔な人々がしきりに嘆いていたことは、今日の教会、国などの共同体において、ひとかどの成功をおさめるのは法律家だけだ、ということだった。クザーヌスの経歴は、この嘆きを確証する。けれども、パドヴァは、彼にとって、卓越した法律教育をはるかにしのぐ意味をもっていた。クザーヌスは、新しい世界に踏み出したのである。この地では、パリの学風は、もはや支配的ではなかった。ここで彼は、別の惑星の大気を感じた。彼は、当時の知の中心に足を踏み入れたのである。彼は、法学を学ぶことだけに満足しなかった。医師たちと知り合いになるが、彼らは哲学的な関心をもっていた。医学は、数学、自然学、天文学／占星術と密接に結びついていた。とりわけ、パドヴァで彼は、学問がすでにできあがってしまったわけではない、という印象を抱いた。すべてが新たにされねばならない、これが根本的な雰囲気だった。学問だけでなく、共同的な生も新たに構想されるべきだった。そしてこのために必要とされるのが古代だった。それは、古代のためではなかった。当時、パドヴァでは、古代の建築と古代の彫刻の研究が始まっていた。人々は、古代の著作家を読んだ。ギリシア的なものへの関心は新しかった。それは、とりわけパドヴァにおいてはもっともなことだった。というのも、最近パドヴァが帰属することになったばかりのヴェネツィアは、ギリシア的な東方への門戸だったからである。この生活様式と学問の革新への運動は、よく「人文主義」（Humanismus）と呼ばれる。けれども、それには、新たな教育、新たなラテン語の様式だけが重要だったかのような、誤ったイメージが結びつけられる。しかし、この初期の人文主義者たちは、古代を、古代それ自体のために研究したのではなかった。彼らの関心は、骨董趣味ではなかった。彼らは、自分たちの現在に役立てるために、古代を探究したのである。したがって、古代の自然科学も重要な役割を演じた。キケロのように書くことができることだけが重要だったのではない。彼らは、ヴィトルヴィウスのように建築することも欲したし、アルキメデスのように自然学を知ろうとした。トゥキュディデスは、歴史を分析することを教えたが、彼らも歴史をそのように見なそうとした。

これは、もはやハイデルベルクのスコラ的な雰囲気ではなかった。新しい人間そして新しい都市の探求だった。ここでは、前世紀にダンテ、ペトラルカ、ボッカチオの着手したことが、豊かな土壌で育まれた。ここで知識人の新しいタイプが誕生したのである。

クース出身の商人の息子にとって、パドヴァ遊学は、決定的な段階となった。これは、彼自身がそう見なしたことである。一四四九年に枢機卿となったとき、彼は、短い履歴を執筆した。自伝ともいえるこの素描の中で――一九行しかないが――彼は、父親ヨーハン・クリュフッと母親カタリーナに触れるが、ハイデルベルクにいたことは省く。司祭に叙階されたことは語るに価しないと見なす。けれども、パドヴァの名は挙げる（Acta Cusana. Quellen zur Lebensgeschichte des Nikolaus von Kues, hrsg. Von Erich Meuthen und Hermann Hallauer, Bd. 1. 2, Hamaburg 1976, S. 603, Nr. 849.）。彼は、この地で決定的な刺激を見いだした。普遍的な学の構想、法と権威に関する新しい概念、古代、とりわけギリシアへの入り口である。この地で彼は、諸源泉へと赴かなければならないことを学んだ。さまざまな案内書では不十分だった。パドヴァで彼は、これから先の彼の人生の決定に関与する友人たちを見いだした。彼は、ジュリアーノ・チェザリーニ（一三九八―一四四四年）と交友関係を結んだ。チェザリーニ家は、コロンナ家やオルシーニ家と同様に、ローマの大門閥家の一つだった。今日でも、ローマの通りの名が、かつて彼らが所有していた区画全体を偲ばせる。チェザリーニ家の一員と友人になる者には、ローマにおけるさまざまな扉が開かれた――フィレンツェから教皇庁に来た人文主義的な知識人たち、しかしまた、この都市の有力者たちへの扉である。ジュリアーノは、ニコラウスより少しだけ歳上だった。彼の前には輝かしい経歴が待っていたが、そのさい、彼はモーゼル出身の学友のことを忘れなかった。クザーヌスも、折に触れて、ジュリアーノが彼を思い出してくれるようにした。彼に最も重要な二冊の書物（『知ある無知』『推測について』）を献呈したのである。ジュリアーノは、二八歳で枢機卿となった（一四二六年）。彼は、バーゼル公会議の議長を務めた。彼は、教皇派に鞍替えし、教皇特使として貢献し、教皇庁の軍司令官となった。そして一四四四年、勝利の見込みのないトルコとの戦闘で、早くも不慮の死を遂げた。この出来事は、何よりも、一五世紀において枢機卿とは何であったかということを、われわれに教えてくれる。それは、決してお飾りの業務ではなかった。教皇選挙のための一回限りの権利を伴った、純粋に宗教的な地位でもなかった。枢機卿は、教皇政治の実際的な構成員として、中枢権力のあらゆる政治的、軍事的な計画に引き込まれた。財政と建築計画にも関わった。外交官、裁判領主、軍事司令官でもあり、戦場で命を失うこともあった。

ジュリアーノが歿したとき、ニコラウスは、とうに政治の大きな世界への道をつかんでいた。パドヴァでの勉学時代の別の友人が、彼にとって久しく人生の支えとなっていた。パオロ・ダル・ポッツオ・トスカネッリ（一三九七—一四八二年）である。

パオロは、ニコラウスよりも四歳上だった。フィレンツェ出身で、アルノ川の左岸に立つ富裕な商人の家の出であった。これもまた、ローマの由緒ある高位の貴族階級とは異なる文化的、政治的な世界だった。ここで人々は、商人としての事業を陸でも海でも進めていくために、計算と地理とを学んだ。パオロは、ニコラウスと同じ時期に、パドヴァで医学と数学を勉強した。

これらの分野をあまりに狭く考えてはならない。医師（Physicus）というものは、自然をそのあらゆる形態で研究したのである。それは、天文学／占星術も常に含んでいた。パオロは、クザーヌスにとって、フィレンツェの指導者層への入り口を意味した。フィレンツェは、彼の生きていた時代、コジモ・デ・メディチ（一三八九―一四六四年）の統治のもとで、世界の文化の中心へと昇ったのである。パオロは、フィレンツェで、医師そして数学者として活躍した。彼は、パドヴァでそれを学んだように、ギリシアの自然学者たち、プトレマイオス、アルキメデス、ガレノスそしてストラボンを研究した。大聖堂天蓋の建築に際して、彼は、ブルネレスキ（一三七七―一四四六年）に、静力学の問題で助言を与えた。ブルネレスキは、当時、「一点透視図法」を開発中であった。彼は、そのヒントを得るために、古代の芸術作品を研究した。パオロが生きていたのは、このように都市が新たにされる世界、学問的な光学と生活に関係づけられた数学の世界だった。フィレンツェには、新たな歴史が到来しつつあった。ここでは、ゴシックの時代は終わっていた。クザーヌスは、この環境の中に友人パオロの助けで入っていった。彼は、パオロと共に、彼の数学的な着想を展開した。彼は、自分の企てをパオロに提示した。パオロは、クザーヌスの数学的著作に対話の相手として登場する。彼は、クザーヌスよりも優れた数学者だった。より精確で批判的だった。彼は、この時代の他の偉大な数学者たち、とりわけ、レギオモンタヌスと呼ばれたヨハンネス・ミューラー（一四三六―七六年）とも交際があった。彼の友人が抱いた多くの数学的―神学的な結合は、彼にとってあまりにも浅薄に思われた。

パオロは、大聖堂の天蓋の共同作業そして透視図法の発見によって、世界史に参入した。しかし、何よりも一通の書簡が、それを決定的なものにした。その書簡とは、クザーヌスが歿して一〇年後に、パオロが、ポルトガルの聖堂参事会員マルティンスに宛てた、ポルトガル王のための書簡である。ちなみに、このマルティンスもクザーヌスの友人のサークルの一員だった。パオロは、この書簡の中で、香料の豊富なインドに到るためには、西方へと海洋の探検をすることを勧めた。そして一枚の海図を添えた。この書簡をコロンブス（一四四六頃―一五〇六年）は、自分の手で書き写した。われわれは、彼を教養のない老練な船乗りと考えてはならない。それゆえ、パオロはアメリカの発見に貢献したのである。私がこのようなことを語るのは、クザーヌスの環境を特徴づけるためである。そこには、ブルネレスキのような偉大な建築家・芸術家もいたし、また天才的な建築家で著作家でもあったレオン・バッティスタ・アルベルティ（一四〇四―七二年）もいた。彼はパオロの親しい友人だった。われわれは、中部ヨーロッパの最初の地図がクザーヌスによるものであることにも、もはや驚かない。ルネサンスの芸術家に関する伝記作者ジョルジョ・ヴァザーリ（一五一一―七四年）は、つぎのように語ることで、この世界を垣間見させてくれる。

ある日のこと、パオロ・ダル・ポッツオ・トスカネッリが、彼の仕事場から帰ってきて、庭で数人の友人たちと夕食を共にしていた。彼らは、フィリッポ（ブルネレスキ）を讃えるために、そこに彼を招待した。フィリッポは、パオロが数学的な学芸を説明しているのを聞き、親密な交際を結んで、彼から幾何学を学ぶまでになった。フィリッポは、決して学問をした人ではなかったが、経験を積んだ実務家としての自然の知識と共に多くのことをパオロに説明したため、彼をたびたび唖然とさせたのである。（『ルネサンス彫刻家建築家列伝』「ブルネレスキ」）

ギリシアの学識に関する専門家、パドヴァ出身の博士が、学問的な訓練を受けていない者、素人（無学者）から教えられたのである。このフィレンツェでの場面を念頭においておくとよい。クザーヌスはそれをローマで繰り返すからである。

3　最初の企て

青年ニコラウスは、学業を終えると、一四二三年にパドヴァを後にする。彼は、法律家としてトリーアの選帝侯に仕えた。一四二五年、彼はケルンにいるが、それは学生としてではなく、大学とつながりをもつためである。彼は、自分の職務のほかに、文書庫や図書館をくまなく巡り歩いた。資料を求めていたのである。当時、ドイツのさまざまな図書館には、イタリアにはない古代・中世のテクストが埋もれていた。というのも、イタリアではカロリング時代にほとんど書籍収集がなされなかったからである。クザーヌスは、それまで知られていなかった古代のテクスト、例えば、プラウトゥスの喜劇一二編を発見した。彼は、中世の法のテクストや年代記も探した。彼は、自分の発見をイタリアの友人たちに報告することを怠らなかったが、ともすれば誇張しがちなこともあった。要するに、彼は、歴史的—文献学的な研究に真剣に取り組んでいたのである。当時は、そこに歴史の経過が占星術的に解明されるということも含まれていた。彼は、ローマとフィレンツェで人文主義者としての名声を博した。フィレンツェと北イタリアの人文主義がローマ教皇庁にも達したのが、この年月だった。写本の狩人としてクザーヌスは、そこで歓待された仲間であった。一四二八年、彼はパリに滞在した。またしても写本の探索のためである。ここでの目当ては、特に、カタルーニャの哲学者ライムンドゥス・ルルス／ラモン・リュイ（一二三二／三三―一三一五／一六年）のテクストだった。この独創的な人物は、一三〇〇年頃に、すべての知識の改革に挑戦し、数多くの著作でその新たな学を提示した。ニコラウスは、すでにパドヴァで彼については知っていた。いまは、その知識を深めるときだった。彼はテクストを自分の手で書き写した。彼は、一生のあいだ、独学によるルルスの弟子であった。

一四三〇年と一四三一年の変わり目に、トリーアの選帝侯の廷臣一同はコブレンツに滞在した。コブレンツは、すでに述べたように、トリーアにとって世界への扉であった。それは、大司教にとりわけ好まれた居所であった。ニコラウスは、廷臣の一員だったが、選帝侯の随行員たちの前で一連の講話を行なった。彼は、最初のクリスマスの日を取り上げ、さらに三王来訪の祝日のために語った。かつてバルバロッサ（神聖ローマ皇帝フリードリヒ一世　在位一一五二―九〇年）が、この三人の王たちの聖遺物をミラノの人々から奪い、ケルンに運んだのだが、彼らは、旅行者の守護聖人であり、特にラインラントでは崇敬を集めていた。しかし、われわれは、クザーヌスが彼らをどのように讃えているかを、聞くことにしよう。彼は、福音書から「マギは途上にあった」(Ibant magi)という言葉を引く。そして、彼らがなぜ「マギ」と呼ばれるのか、またなぜ「王たち」と呼ばれるのかを説明する。

ギリシア人たちは、彼らの知者たちを「哲学者」と呼び、ヘブライ人は「律法学者」、ラテン人は「知者」(sapientes)と呼んだ。ペルシア人は、彼らの知恵、とりわけ天文学における「偉大な知恵のゆえに」(a magnitudine scientiae)、「マギ」と呼んだ。(『説教』二)

要するに、クザーヌスは、三人の聖なる王たちを哲学者に仕立て上げる。これら三人のマギは、神の本質を自然から探究した。彼らは、「王たち」と呼ばれる。セネカによると、黄金の時代には、知者だけが支配していたからである。すなわち「かの時代には、最高の幸福が行き渡っていた。というのも、より知恵のある者でなければ、誰も支配力をもつことはなかったからである」(『倫理書簡集』第一四巻九〇・四)。

これは、確かに、一風変わった説教だった。クース出身の人物は、トリーアの廷臣一同を前につぎのように語り始めた。すべての民族には、それぞれに知者がいる。その呼び方が違うだけである。彼は、ローマの哲学者セネカを引くことで、古代の雰囲気を髣髴とさせる。黄金の時代であったとしたら、知恵は権力の条件だった。三人の王たちは、このことを証左する。「マギは途上にあった」。つまり彼らは、理性によって万物の根拠を探究したのである、と。ついでニコラウスは、古代の知者たちと彼らが歩んだ道の例として、プラトンを挙げる。

プラトンは、唯一の神が存在することを見いだしただけでなく、神の言葉についても語った。いや、それどころか、彼は、「福音書に記されているほとんどすべてのことを」(paene totum Evangelium) 発見したのである。

神学者たちは、かならずしもこのように寛大な判断を下すことはない。哲学者が独自の方法で「福音書に記されているほとんどすべてのことを」発見できるということを、誰もが承認するわけではない。このことは、すでにクザーヌスの時代にも論争になったことだった。説教者クザーヌスは、キリスト教の事柄に関する、彼の世界に開かれた解釈のために、一人の偉大な人物に後ろ盾を求めた。アウグスティヌスの『告白』から引用したのである。そこでアウグスティヌスは、自分自身の知的な発展について報告し、その際に「プラトン派の書物」がどれほど大きな役割を演じたかを強調する。

アウグスティヌスは、この箇所で神に語りかける形式をとって、つぎのように記す。

まずはじめに、あなたが私に示そうとなさったことは、あなたがどれほど高慢な者に敵対し、謙遜な者に恵みをお与えになるか、そして、いかなる憐みによって人間に謙遜の道を明示されたのか、ということでした。このために御言葉が肉となり、人々のあいだに宿った、ということでした。さらに、途方もない暗闇によって膨れ上がっていたある人を通じて、あなたは、ギリシア語からラテン語に訳されていたプラトン派の諸書を、私のために配慮して下さいました。それらの中に、私は、同じ言葉ではありませんでしたが、しかし、まさしく以下の事柄が、多くのさまざまな論拠に支えられて述べられていることを読みました。すなわち、「初めに御言葉があった。御言葉は神であった。万物は御言葉によって成った、御言葉によらずに成ったものはなに一つなかった。創られたものは、御言葉において生命であった。そしてこの生命は人々の光であった。光は闇のうちを照らすが、しかし、闇が光をとらえることはなかった」（ヨハネ福音書一章五―六節）。

これらの書物は、人間の魂がこの光について証言すること、しかし、それ自身がこの光ではなく、神そのものである御言葉こそが「真の光であり、この世に来るすべての人間を照らすこと」（同七―九節）も語っています。

しかし、この御言葉が彼の民のところに来たが、民は彼を受け入れなかったことを、（…）私は、これらの書物で読みませんでした。さらに、神である御言葉が、肉からでも、血からでもなく、人間の意志からでも、肉の意志からでもなく、神から生まれたことを読みました。しかし、御言葉は肉となって、私たちのもとに宿ったことは読みませんでした。

（『告白』第七巻九章一三―一四）

これらの言葉によってアウグスティヌスは、長期にわたり、古代の哲学的な思想に、キリスト教的な文化における市民権を与えた。彼は、異教の思想家たちに以下のことを認めた。彼らは、この世界を一なる神の被造物として把握していた。神の思考がこの世界の構造の基礎であり、この神的な光が万人を照らしていること、この光の中にある生命が人間の幸福であることを理解していた。だが、じっくりと耳を傾けると、アウグスティヌスは、哲学的な思想に限界も設けていた。哲学者たちは多くのことを理解したけれども、神が人間となったことは彼らに隠されていた。それなのに彼らはあまりに独立独歩にふるまった。彼らは自力で彼らの道を探究した。彼らは高慢の雰囲気を生み出すが、神は謙遜な者たちに恵みを与えるのである。

このような距離感の痕跡が、われわれのコブレンツの説教には皆無である。古代の人々は、三人のマギに代表され、神から見捨てられてはいない。彼らは出発し、一神教を見いだしただけでなく、福音書のほぼ全体を見いだしたのである。彼らの知者たちが発見したことは、民族宗教においてなお優勢だった多神教は比喩的に理解されるべきこと、一なる神のみが存在する、ということだった。そして、この神の言葉が、すべての人々を照らし、それは、ある特定の宗教グループの信奉者にとどまらなかった。アウグスティヌスは哲学的な認識の限界——それは受肉にまでは到達しなかった——を厳密に示したが、若き説教者は、この受肉すらも古代の知者たちに認めたのである。彼らは、世界の経過全体についても思索を巡らした、というのである。

彼らは、神が、一者であるがゆえに、唯一の世界を創造したこと、三一であるがゆえに、三様の本性、すなわち、霊的な本性、物体的な本性、そして両者が混合した本性を創造したことを熟慮した。したがって、各々の被造物が最高の段階へと高められるためには、神自身が、いつか、普遍的な被造物、つまり人間本性と一つになり、この本性が再創造され、それによって人間は彼の目的へと導かれることになろう。(『説教』二・五・一一―一七、『全集』第一六・一巻二三頁)

ここで、われわれは、はじめて、人間の尊厳に関する賞賛の言葉を耳にするが、それは、われわれが、すでに貨幣交換の比喩から知っていることである。人間は「普遍的な被造物」(natura communis)である。彼は、自己自身のうちに実在のすべての段階を統合している。古代の知者たちであっても、このように完全な被造物が、その創造者に対立するような立場にいつまでも留まることはなく、やがて神は人間と一つになるだろう、と考えた。それによって、神はその被造物を、それにとって可能な限り、最高の地位まで高めるであろう、と。世界の経過が最高に賢明な創始者にふさわしいものとなるべきだとしたら、彼は、神と世界を人間の本性において統合することにより、その目的を達成しなければならないのである。神と世界とは永遠に対立するのではない。二元論は終わることになろう。救済は、宇宙の統合となろう。

4　理念の取引所バーゼル──『普遍的協和について』

クザーヌスは多くの旅をした。彼は、人間の多様性に関して明敏な感覚をもっていた。彼は、久しく忘却されていた多くの書物を手に入れた。彼は、人間が世界をどれほどさまざまに説明してきたのかが、よく分かっていた。彼は、二人の人間が同じことを考える場合でも、彼らが考えているのは同じことではない、と思った。そもそも、この世界には一つとして同じものは存在しない。二本の草の茎はどれほど似通って見えるにしても、それらは異なっている。なおのこと、考えている人間は常に異なっているのである。けれども、東方から来た三人の知者の例で彼が示そうとしたことは、声の多性のなかに、共通の基調、「協和」(concordia)がある、ということだった。対立はあるが、それは決定的な語ではない。知的な作業の課題は、多様性をありのままに浮き彫りにし、統一へと導くことである。

すでにキリスト教徒たちからして、相互に一致してはいなかった。彼らは、誰が正当な教皇かということでもめていた。彼らは、正当な教皇がいかなる権利をもつかということでも、決して一致することができなかった。彼らの統一のしるしである聖餐についてすらも、異論があった。ボヘミアから大軍が西欧へと迫っていた。フス派の人々、憤怒に駆られたキリスト教徒である。彼らは聖書の名において、聖職者の特権に異議を唱え、それゆえ、パンと葡萄酒による聖餐を信徒にも要求した。彼らが激怒したのは、彼らの先駆的な思想家ヤン・フス（一三七一頃—一四一五年）にコンスタンツ公会議（一四一四—一八年）への自由通行権を保証しておきながら、そのあとで彼を焚刑に処したことだった。

これらの問題をすべて解決するために、司教、神学者、各国の代表者などがバーゼルに集まった。一四三二年、ニコラウスは、彼のトリーア領邦君主の要求を弁護するために、バーゼル公会議にやって来た。彼は、この目的を達成できなかったが、友人のジュリアーノが議長を務めるこの会議で、重要な人物となった。公会議の仕事に関する綱領を起草したのである。それは、第一に教会の改革、ついで国家の改革をとおしてなされる、「協和」の確立を目指していた。これが、クザーヌスの最初の主著『普遍的協和について』(De concordantia cathorica)となった。それは、公会議主義の立場を明確に支持した。つまり、ローマ司教（教皇）に対する公会議の優位を主張したのである。だからといって、「協和」がローマの司教を抜きにして確立されるというわけではない。そうではなく、イタリアの総大司教（教皇）は、他の総大司教、つまりエルサレム、アンティオキア、ビザンツの総大司教とならんで、教会の一致のために協力しなければならない、というのである。教皇庁による権力の独り占めをこのように否定することは、ニコラウスにとって、単に教会政治的な一つの選択肢というのではなかった。それは、信仰の確信であり、彼はそれを歴史的、哲学的、神学的な諸根拠によって基礎づけたのである。そのうちの一つを挙げよう。

以下の考察はすばらしい。すなわち、あらゆる権力、理性的な権力も、この世的、身体的な権力も民衆に由来する。（『普遍的協和について』第二巻第一九章一六八、『全集』第一四巻二〇五頁）

これが、パドヴァで展開された政治哲学である。すべての権力は臣民の同意に依拠する。いかなる法も、当事者たちの同意がなければ、合法性をもたない。権威は民衆に依拠し、その逆ではない。これは、原理的にはパドヴァのマルシリウス（一二七五―一三四二／四三年）の民主主義的な哲学だった。それは、ローマ司教の首位権のいかなる形態に対しても、反対しているというのではなく、それに諸条件をつけたのである。教皇は、全教会の同意を得た場合に、不可謬であった。けれども、全教会というのは、東方と西方の教会のことだった。公会議主義者であるクザーヌスは、教会を西欧の領域に制限することを、激しく批判した。正しい信仰に関する判断は、ローマ司教個人の手中にはありえない。不可謬性というのであれば、それは、全教会の不可謬性となろう。不可謬性は、相互的な承認から形成され、首位権は、教会全体から生え出でるのでなければならない。教会の真理は、全教会と首位権の統一においてのみ存在するのである。司教は彼の民衆との一致において司教であるにすぎない。これが出発点でなければならない、というのである。

写本の狩人であり古文書の研究者であるクザーヌスは、以下のことを示すために、古い文書からの引用の長大なリストを提示する。ローマ司教の現今の権利は、最近の時代になってから、追従者たちが彼に帰したものである。ローマの司教は、この町の威信と使徒ペトロのゆえに、ある種の栄誉ある優位をもってはいるが、誤る可能性もあり、異端者ともなりうる。そしてその判断は、全教会に委ねられているのである。

教皇の教会領に関する権利請求権は、最悪もいいところである。それは、コンスタンティヌス帝による教皇シルヴェステル一世（在位三一四―三三五年）への寄進に根拠づけられている。けれども、これに対して、古文書研究家クザーヌスは答える。古代の歴史家たちは誰もが皇帝コンスタンティヌスの蠟燭代の寄進については言及しているが、イタリアの半分を教皇に寄進したことについては、ひと言も述べていない。歴史的な諸根拠は、哲学的なそれと同様に、教会の現在の状態に異議を唱えているのである。今では、教会はローマ司教に狭隘化されている。クザーヌスは宣告する。「おお、神よ、今日では、普遍的な教会が単にローマの総大司教区にすぎないものに限られているのだ」（同上第二巻第二〇章一九〇、『全集』第一四巻二三二頁）。

ここからして万事が惨憺たるものとなる。ドイツ人たちは、フランス人よりもこれに対して防衛することができない。神聖な帝国は病んでいる。帝国は、多くの個別の支配権に分裂している。国防権もなければ財政政策もない。それゆえ、他の国よりも、教皇庁の無理難題にさらされるのである。クザーヌスは、これについて熟慮した末、国家を改革するための基本線の輪郭を描く、というようにテーマを拡大したのである。

バーゼル公会議は、教会史の新たな開始となりうるはずのものだった。それは、理念の取引所として重要な意義をもった。新たなイタリア的な文化が、ここでは最良の形で普及した。けれども、教会を改革すること、このことを公会議はできなかった。そのためには、抵抗勢力があまりにも強かった。諸地域がそれぞれの独自性を譲らなかったのである。草の根民主主義的な端緒は、持ちこたえることができなかった。身分制社会においては、いまだに位階制があまりにも自明なことだったのである。キリスト教は、外部から脅かされていた。このことが、キリスト教の活動の空間を狭めた。内からはフス派が、外からはトルコが迫っており、しかも、教皇派と公会議派は係争の真っ最中であった——それゆえ、動ける余地は少なかった。トルコ人は、かなり前から、東ローマを圧迫していた。ビザンツ皇帝は、西方に軍事的な救援を求めた。けれども、教皇たちは、救援の前提条件として、彼らの同胞のキリスト者が西方の神学に屈することを要求していた。皇帝は不本意ながらも譲歩した。ビザンツの神学者たちもしぶしぶ従うか、もしくは、まったく従わなかった。教皇はチャンスをつかんだ。東方との教会合同を、公会議ではなく教皇が成功させたなら、その場合、彼の威信は確固不動のものとなったのである。まさしくこの政治的な芸当がうまくいった。それは、公会議派の重要な知的指導者の手助けによってのみ成功したのである。ジュリアーノ・チェザリーニとクースのニコラウスは、一四三七年、教皇派へと移っていた。おそらく、彼らには、分裂した公会議には徹底的な教会改革もビザンツとの合同も期待できないことが、分かったからだろう。

5　教皇使節団

一四三七年から三八年の冬は厳しかった。東ローマ皇帝と彼の外交官たちは、教皇の派遣使節団と共に、一一月の末にビザンツからヴェネツィアへの航海に出発し、ようやく二月の初め、そこに到着した。海がひどく荒れたからである。皇帝とビザンツ総大司教は、フェラーラで開かれる公会議に出席することに同意した。彼らには、それ以外の道が残されていなかったのである。トルコ人たちは首都のすぐそばに迫っていた。教皇の使節団は、この状況を十分に利用し、それによって、最終的にバーゼル公会議に対して優位に立った。クザーヌス、そして誰よりもチェザリーニは、これに決定的に貢献したのである。

東ローマの人々のきらびやかな登場は、イタリアの画家たちの想像力を駆り立てた。もし彼らがこの後、三王礼拝を描くとしたら、荘重さを備えた絢爛豪華とはどのように見えるのかを、知ったのである。東ローマの人々の到来は、文化史家も感激させた。彼らは、かなり長いあいだ、ビザンツの人々の到着がギリシアとギリシアの古代への関心を目覚めさせた、と主張してきた。これは、確実に間違いだった。ギリシア的な源泉への通路は、ほぼ百年前にすでに開かれていた。けれども、この交流は、いまや新しい素材と新しい名称を獲得したのである。クザーヌスは、ここでもまた積極的に関与した。すでに以前から彼は、ギリシア的なものに関心を抱いており、重要なギリシア語写本を携えていた――古代教会の公会議に関する報告だけでなく、新プラトン主義の論考も。彼は、翻訳者を探していた。東ローマの神学者たちのうち、何人かは西方に留まり、ラテン語を学んで翻訳を行なった。これらの翻訳者のうちで最も有名だったのがベッサリオン（一四〇三―七二年）だった。けれども、もう一人の人物のほうがより重要だった。皇帝の顧問として随行してきた、ギリシア人哲学者プレトン（一三六〇頃―一四五二年）である。彼の念頭に浮かんでいたのは、プラトン主義の精神による文化と政治の革新だった。彼は、地中海世界の三つの宗教を、一つの真理の民族的な諸形態と解釈した。たぶん、ヴェネツィアに向かう長い航海で彼が乗った船には、クザーヌスが同船していただろう。この二人が、数か月間に折に触れて行なった会談を思い描くことは魅力的である。彼らは、彼らの異なった、見かけは矛盾すると思われる形態における一つの真理について、語り合ったのだろうか。われわれには分からない。しかし、われわれは、帰路の船上でクザーヌスに「合致」（coincidentia）の思想が浮かんだことを知っている。すなわち、互いに対立する諸見解は、より高度な一性において廃棄される、という思想である。クザーヌスが当初から探究していたのは「協和」であった。いまや彼は、われわれが思考することで諸矛盾に先回りすることができる、ということを把握したのである。彼は、彼の新たな洞察を天からの啓示として受け取った。それは、彼を分裂した党派を越えて高めるものであった。ここから彼は、対立、いや矛盾がどのように考えられうるのかを示すことを、自分の課題と見なした。このために彼は、神、世界、精神といった、さまざまな包括的一性について一つの新たな概念を展開しなければならなくなった。彼は知の概念を革新しなければならなかったのである。

しかし、われわれとしては、立ち止まって、プレトンに注目することにしよう。クザーヌスが、教皇使節団としてすぐにまたドイツに派遣されているあいだに、プレトンは、皇帝に随行しフェラーラへと向かった。だが、その地で、公会議はうまく軌道に乗らなかった。資金が不足しただけである。この状況の中に、コジモ・デ・メディチは、彼の世界史的な好機を見抜いた。彼は、自腹を切って公会議をフィレンツェに招致し、そうすることによって、いまやフィレンツェがヨーロッパの政治と文化の中心点であることを、誰の眼にも明らかにしたのである。公会議の教父たち（議決投票権をもつ司教）は、もし彼らが、何のためにフィレンツェに行ったのかと問われたら、いくぶん当惑の表情を浮かべたことだろう。フェラーラの気候は不健康だ、そこは夏に蚊が多すぎる、と言ったかもしれない。けれども、決定的なことは、コジモのグルデン金貨と才覚だった。

コジモは天才だった。単に商業の天才だったというだけではない。プレトンは、フィレンツェで講演を行なった。彼はプラトンについて語った。彼は、西欧の人々の誰よりもプラトンに関する知識をもっていたのである。西欧の人々は、アリストテレスについてはほとんどすべての著作を知っていたが、プラトンについてはわずかなテクストしか知らなかった。この基盤では、アリストテレスを正当に評価することができなかった。プレトンの聴講者の中に、コジモ自身もいた。コジモは、それが知、生、政治の新たな形式に関わっていることを把握した。彼の抱いた考えは、プラトンの全著作が翻訳されなければならない、ということだった。彼はこの仕事を、彼の侍医の息子、まだ若輩だったマルシリオ・フィッチーノ（一四三三―九九年）にまかせた。そこでフィッチーノは、一〇年をかけて、プラトンのラテン語訳を成し遂げた（一四七三年）。ゲーテがプラトンに関する知識を得たのも、やはり、この翻訳からだった。

この間、クザーヌスは、教皇使節団として、旅の途上にあった。大まかに言うと、つぎの一〇年ないし一二年、彼はこの状態に留まっていた。教皇の政治にとって、ドイツの諸侯を公会議派から離反させることは、すこぶる重要であった。諸侯の多くは、中立的な立場に留まろうとした。彼らを説得してこの立場を放棄させることが大きな課題だった。法律家クザーヌスはとりわけこの課題にふさわしいと思われた。何しろ、彼自身が公会議派のサウロから教皇派のパウロへと回心したのだから。教皇の教会は、公会議主義の主導的な頭目たちが、その膝元に軟着陸することができるようにした。過去を問わなかったのである。かつての公会議主義者たちはみな、枢機卿そして教皇にすらなることができたのである。

6　知ある無知――『知ある無知』

政治的な業務が空いた時間に、ニコラウスは、新しい知に関する彼の新たな構想に取りかかった。彼はそのプログラムを、「知ある無知」（docta ignorantia）と名づけた。このために、彼はつぎのことを証明しなければならなかった。すなわち、従来の知は無知であった。それは自己自身を正しく理解していなかった。けれども、このことを認識する者は、新たな種類の知をつかんでいるのである。彼は、自分が何も知らないことを知っている。彼は、なぜ自分が何も知らないかということも知っている。そしてこれが、新たな種類の知となる。いかなる推測でも、信でも、感知でもなく、知である。とはいえ、挫折から新たに獲得された知である。自乗された知である。新たな知は、新たな神学であるだけでなく、自然に関する新たな知でもある。

このために、『知ある無知』（De docta ignorantia）という書物は、有名に、いや、最も有名になった。それは、新たな宇宙論を描き出した。クザーヌスは、天そして地を、新たな目で見た。彼は、宇宙に関する彼の新たな眺望について、つぎのように主張した。それは、いまだ聞いたこともない新しい眺望であり、彼の新たな思考方法、知ある無知という思考方法だけが、それを証明することができる、と。心もとない推測でも、深められた信仰でもなく、古い学の瓦礫の上に立つ新たな学である。彼自身の言葉を聞いてみよう。

いかなる存在の領域においても、ひとは端的に最大のもの、あるいは最小のものには到らない。これは、運動の領域にもあてはまる。（『知ある無知』第二巻第一一章一五六）

それゆえ、端的に最大のもの、あるいは最小のものは、経験においては決して現われない。どこまでも増大するか、減少するかしかありえない。このことは、運動と静止にもあてはまる。いかなる静止も最大の静止ではない。いかなる静止も、その対立、運動から完全に自由ではない。経験のうちには、もはや増大しえないような、いかなる運動もない。ここからクザーヌスは続ける。

それゆえ、世界機構（machina mundana）が、感覚的に知覚可能な地球が、固定した不動の中心点をもつことなどは不可能である。このことは、大気、火、いかなるものにもあてはまる。また、われわれが個々の天球のさまざまな運動を注視する場合にも、あてはまる。すなわち、われわれは、運動において端的に最小のもの、したがって、固定した中心点に到ることはない。というのも、最小のものは最大のものに合致しなければならないからである。（同上）

それゆえ、クザーヌスの新しい世界はいかなる中心点ももたない。地球もまた厳密には中心点に置かれているのではない。そうでなければ、運動において最小のものが存在することになろう。だが、これはありえない。あらゆる経験可能なものにおいては、運動と静止が同時に生じる。実際に存在する最小のものは、最大のものと合致する。このことを把握するには、従来の知は役に立たなかった。というのも、この知は、最小のものについて、それが決して最大のものではありえないと語ることを、われわれに強いるからである。従来の思考の規則の本質は、最大のものについて、それが決して最小のものではないと語ることにある。両者は、異なるものでなければならなかった。だからこそ、その知は、決して現実的な知ではなかった。そして、このことを知ること、それが新しい知である。これが「知ある無知《ドクタ・イグノランティア》」（docta ignorantia）である。

もう少し宇宙についても考察してみよう。それがいかなる中心ももたないとするならば、それを取り囲む限界ももたないことになる。もしそれが周囲の限界をもつとしたなら、その場合、世界は何らかの他のものによって限界づけられることになり、世界の外に場所が存在することになろう。これはありえない。それゆえ、宇宙にはいかなる限界もない。だからといって、宇宙は無限なのか。このことは、「無限」という語をどのように理解するかにかかっている。世界は、端的に無限なものではない。けれども、それは、いかなる終わりも、限界もない。その内部に世界が閉じ込められていると考えられうるような、そうしたものは、何も存在しない。その限りで、世界は無限である。

このことは、地球に関して何を意味するのか。

地球は世界の中心ではありえない。したがって、それが、どんな運動にも欠けていることはありえない。それどころか、地球は、無限により少なく運動しうるという仕方で、運動せざるをえない。地球が世界の中心ではないように、諸恒星の天球は世界の外周ではない。ただし、地球と天を比較した場合には、地球は中心により近く、天は世界の外周により近く見えるけれども。（同上第二巻第一一章一五七）

世界の中心も外周も、これらはみな、われわれを欺く見かけである。天にある不動の極という観念も見かけである。このような標識を設定したのは、われわれ人間である。われわれの天体観測が、古代の天文学者たちが述べていることと一致しない場合でも、驚く必要はない、とクザーヌスは言い添える。というのも、固定点――中心点および天の極としての地球――は、彼らの設定だったからであり、それらは、自然自体のうちには存在しないからである。誰であれ、自分がいる所で、自分が中心にいると思い込んでいるのである。「対蹠地にいる人々」(antipodes)も、われわれとまったく同じように、頭上に天を見る。このように習慣的な固定観念を自分は知らないということを知る者は、真の宇宙論を把握したのである。彼の無知は、新しい知となる。彼は、錯覚をもたらす見かけの誤りを正すが、まさしくこのことが重要なのである。地球が運動していることは、悟性にとって明白である。肉眼にとってだけ明らかではない。けれども、悟性によってつぎのように説明される。

われわれは運動を、固定している何かとそれと比較することによってのみ、把捉することができる。もし誰かが、水上の船に乗っていて、水が流れていることを知らず、また両岸に目を向けることもなければ、彼は、船が動いていることをどのようにして認めること

ができるだろうか。（同上第二巻第一二章一六二）

これは、プトレマイオスの世界像の哲学的な否定であって、決して天文学的な否定ではない。これは、まだコペルニクス（一四七三―一五四三年）には及ばないが、その転回を準備するものだった。見かけの現象が、運動の相対性を認識したことによって、疑問に付された。いまや固定点は、人間の仕業であって、自然の特性とは見なされなかった。つまり、それらは、訂正されうるということだった。このことは、とてつもない頭の柔軟体操だった。ちなみに、コペルニクスは、クザーヌスのテクストを知っており、カトリックであれプロテスタントであれ、キリスト教徒が、コペルニクス的に考えることを禁じられた何百年ものあいだでも、彼らは、クザーヌスを引き合いに出すことができたのである。

一四四〇年以来、地球は、もはや宇宙のちょうど中心に位置することはなくなった。加えて、クザーヌスは、地球から球形を奪った。それは、ほとんど球であるかもしれないが、完全にこの形であるわけではない。それは、円運動をもっているが、しかし、そのほとんど円環的な回転が、完全な円形になることはできない。これは、地球を貶めることではなかったか。この時から、地球はその優先的な中心の位置を離れ、安定を失って万物の中へ飛び込んでいくのではないのか。この時から、地球は王座を剥奪され、新しい世界像は人間の自尊心をはなはだしく傷つけたということを、ひとは繰り返し読む。問題となっているのは、ナルシシズム（自己愛）の侮辱だが、それはわずかにダーウィンとフロイトだけが人間に加えた侮辱ということになろう。けれども、それはまったくの間違いである。クザーヌスは、地球を星々の中の一つの星にした。彼は、宇宙を脱・位階化させた。地球は、宇宙において、もはや実在の一番下の段階ではない。確かに、地球は太陽よりも小さい。確かに、地球は他の天体から影響を受ける。けれども、このことは、他の星々にもあてはまることなのである。

それゆえ、地球は優れた星である。それは、光、熱、影響力をもつが、それらは、他のすべての星がもつ光、熱、影響力とも異なっている。けれども、まったく同じように、いかなる星も、光、本性、影響力によって、他のすべての星から区別されるのである。（同上第二巻第一二章一六六）

クザーヌスにとって無知の豊かさを証明することが、くりかえし重要となる。われわれは、われわれが万物の最下層の段階にいるのか否かを、知ることができない。思考する生物が地球だけに存在するのか否かも、知ることができない。これほど広大な宇宙空間と星々の世界が居住に適さないことはないと思われるが、だからといって、人間の価値が劣るなどということにはならない。他の星が居住に適している場合でも、その居住者たちは、人間に比肩しうるものではない。というのも、

人間は、いかなる他の本性、いかなる完全な本性を欲求することもない。彼が欲求するのは、ただそれ自身の本性において完全であることだからである。（同上第二巻第一二章一六九）

これらは、実りの多い命題だった。それらが有名であるのも、もっともである。クザーヌスは、それらの独創性を自覚していた。けれども、それらが、知ある無知に関する彼の著作の中心をなしているのではない。それらは、彼の出発点からの帰結だからである。すなわち、最大のものないし最小のものは、経験においては現われてこない。最大のものが実際に存在するところでは、同時に最小のものが存在し、それゆえに合致が存在する。われわれの知は、現存する諸事物を単純に模写するのではない。それは、どうあっても諸事物に対応することはなく、

どのみち対応することはない。この知は、無限に運動している。それは、まだ真理に到達していないことを知っているのである。

理性は、真理そのものではない。それは、真理が無限に厳密に把握されることができないほどまでに、厳密に真理を把握することは決してない。理性の真理に対する関係は、多角形の円に対する関係のようなものである。(同上第一巻第三章一〇)

何ごとかを現実に知る者は、あいかわらず自分を現実から引き離す隔たりを知る。クザーヌスが発見したことは、知が探求だということである。それは間断なく動いているものであり、確固とした所有物を管理することではない。人間の知は、それが知りうる事柄と等しくなることは決してないだろう。

保守的な教授たちは「助けてくれ、人殺し」と叫んだ。それは、学問への総攻撃だ、クザーヌスは、彼の懐疑によって哲学もキリスト教信仰も破壊する、というのである。人文主義的に陶冶された友人たちは、クザーヌスの立場に、ソクラテスへの回帰を見いだした。

ひとは、自分が無知であることを知れば知るほど、それだけいっそう知ある者になるだろう。（同上第一巻第一章四）

クザーヌスは、自分が新しいことを語ったことを知っていた。彼は誇らしげに、自分が語っていることは、これまで決して語られたことがなかったということに、注意を向けさせる。彼の書物には、「これまで聞いたこともないこと」（prius inaudita）がある、と。彼は、決して伝統主義者であることを望まなかった。それどころか、スコラ学の指導層に、古代の人々すべて、例えばソクラテス、ピュタゴラスを、対立させたのである。

彼の革新は、問題がないというわけではなかった。われわれの知が真理という円の中に常に新たな多角形を描くということを、どのように想像すべきだったのか。その場合、ひとが真理の円の中を運動することを、ひとはどこから知るべきだったのか。さらに、ひとは、円が存在するということ、そしてわれわれはその円に接近していくということを、知らなければならなかった。われわれが、われわれの多角形を空っぽの中に描くということは、ありえなかったのではないか。われわれが円に実際的に近づいていくことを知るためには、この円に関してある知を必要とし、この知は通常の学問とまったく同様に、ぐらつくことはなかった。知の二段階が存在したのか。われわれは、これをどのように考えるべきだったか。

さらに、別の問題も未解決のままだった。クザーヌスが彼の新しい神について語ったことは、疑念を抱かせた。この神は最大のものでなければならなかった。このことは、彼以前の多くの人々も語ったことだった。けれども、神は同時に最小のものでなければならなかった。考えうるいかなる規定も神に帰せられねばならず、それゆえ、これまでのように、述語を一方向に増加させていくだけでは済まなかった。神は、存在しうるものすべてでなければならなかった。

彼（神）は、存在しうるすべてのものである。（同上第一巻第四章一一）

普通なら、われわれは、さまざまな対立において考え、あるものがAである、それゆえ、それが同時にBでもあることはありえない、と言う。けれども、クザーヌスの「最大のもの＝最小のもの」は、すべてでなければならなかった。何ものもそれに反対であってはならなかった。何ものもそれに対立してはならなかった。それゆえ、神に関する彼の定義は、以下のとおりである。

神とは、何もそれに対立するものがないところの一性（unitas）である。（同上第一巻第五章一四）

それゆえ、「神」という語が発せられるときに、われわれがまだ上方へと眼を向けているかぎり、われわれはクザーヌスの神を考えてはいなかったのである。世界は神と対立してはいない。神は実在のすべてである。万物との相等性である。われわれは、われわれが欲するものを、見ても、考えてもよい。神は、それに対して他なるいかなるものでも、相異なるいかなるものでもない。神は、他なるものではなく、いわんや、絶対的に他なるものでもない。相異なるものでもない。ドイツ語の「相異なる」（verschieden）という語は、見事な二義性をもっている。「死んだ、この世を離れた」（tot, abgeschieden）という意味と、「異なった」（anders）という意味である。クザーヌスの神は、この両方の意味で、「相異なる」ものではない。

神は、いかなるものとの関係においても、他なるものでも、異なるものでもない最大の相等性（aequalitas）である。（同上第一巻第四章一一）

当然、彼の保守的な反対者は、「クザーヌスは神と世界を混同した」と叫んだ。彼らはまだ「汎神論」（Pantheismus）という言葉をもっていなかったが、そうでなければ、彼らはこの戦いの雄叫びによって論争を開始したことだろう。

いずれにせよ、これによって一つの問いが示された。一なる単独の実在のうちに、確かに、ある種の輪郭が存在しなければならなくなったのである。ひとはそれをどのように把握すべきだったのか。さらに、別の問いが迫ってきた。もし神が、そもそも存在しうるすべてのものであり、最大のものであると同時に最小のものだったとしたら、あらゆる述語、対立する述語も、神に帰されることになった。すると、神は、最大のものであると同時に最小のものであるだけでなく、最も静止するものであると同時に最も運動するものでもあった。さらに都合が悪かったことは、神が存在し、同時に存在しないということだった。ひとが神について主張したすべてのことが、まさしく同じように、神について否定することができたのである。

ひとが彼（神）であると把握するものはすべて、ひとが彼ではないと把握するものと同じである。(Omne id quod concipitur esse non magis est quam non est.)（同上第一巻第四章一二）

スコラ哲学・神学は、神に帰することができる述語を選別することに心血を注いだ。それらは、いかなる述語が神にふさわしく、またふさわしくないかということに関する規則を発展させた。クザーヌスによると、この努力はことごとく徒労に終わった。彼の神は、果てしない海であり、あらゆる述語はそこで溺死したのである。あらゆる対立するものの中で最も厳密な対立――存在と非存在との対立――ですらも安閑としてはいられなかった。無限の一性については、それが存在すると言いうるのとまったく同様に、それが存在しないとも言いうるのである。

クザーヌスは、これが単なる概念の遊びでは決してないと主張した。彼は、ひとが無限の一性について、それがあるとも、それがないとも言うことができる、と言ったのではない。われわれは、そう言わなければならないのであって、さもないと、われわれは、それを諸事物のうちの一つの事物とすることになろう。神を敬おうとする敬虔な思考は、神について、神が存在しないと言うことを、たやすく拒絶する。けれども、この拒絶は、ただちに、偶像崇拝という処罰を自らに招き寄せることになる。われわれが、無限の一性を存在すると同時に存在しないと大まじめに考えないのであれば、われわれは、それを被造物の一つと取り違えるのである。というのも、この場合、われわれはそれを、無限ですべてを包括するものとして考えていないからである。否定神学だけが、この敬虔な者たちを偶像崇拝の危険から救い出す。彼らは、神を存在し、認識しうる、有限なものと見なす。彼らは、神を他の事物とは異なる、一つの事物と考えているのである。

このような崇拝は、偶像崇拝である。それは、真理のみにあてはまることを、似像(imago)に帰しているからである。(同上第一巻第二六章八六)

それゆえ、われわれは、認識しえない神について語った思想家たち、ディオニュシウス・アレオパギタ(五〇〇年頃活動)そしてユダヤ人哲学者モーセス・マイモニデス(一一三五―一二〇四年)に従うように、とクザーヌスは注意を喚起する。神を純粋に無限なものとして考えることにしよう。けれども、その場合、あらゆる述語が神のうちに沈没する。それらは、それらの確実性を失う。無限なもののうちには、いかなる規定もないからである。この海には支えとなる梁も桁もない(君子は危うきに近寄らず)のである。キリスト教信仰の言明もまたそこに飲み込まれる。

この否定神学によると、無限の一性は、父でも子でも聖霊でもない。(同上第一巻第二六

章八七）

無限界性への新たな情熱は、これまで伝承されてきた神の名称の枠も解放してしまう。それは、三位一体の教理を危機にさらす。このことは、彼の時代にも気づかれていた。クザーヌスは問われた。キリスト教の全信条が無限性の海で溺れるのではないか。確かに、彼もまだ三位一体について語ったが、しかし、暫定的な意味を与えただけである。三位一体は、否定神学によって訂正されねばならなかった。それは、闇の中に入っていかなければならなかった。その場合、肯定神学に戻るためではない。この無限性に関する知は、最終的な決定権をもつことを要求した。有限なものを神として崇拝することからキリスト教的な生と神学的な思索を護る権利を要求したのである。

クザーヌスは、『知ある無知』において、キリストについても語った。この著作の第三巻がキリストを扱う。けれども、クザーヌスは、それ以前の巻の要求において示された線をさらに先へと追求した。すなわち、無限の一性である神は、神性と人間性の対立をそのままにしておくことができなかった。神は、その本性に従って、最大に可能な一性を確立しなければならなかった。神が、キリストにおいて神性に受容したのは、個人ではなく、全体としての人間本性だった。それゆえ、ここでもまた枠がはずされる。キリストは、人間本性全体を彼と共に復活させるために、死を引き受けたのである。

キリストは、人間本性が彼と共に復活するために、死を堪え忍んだのである。（第三巻第七章二二二）

この出来事を、いくぶん個人的なことと捉えようとしたキリスト教徒もいた。彼らは、イエスの人格の特権ということを語った。クザーヌスは、「反対対立の合致」（coincidentia oppositorum）ということを考えた。絶対的なものは、有限なものと合致しなければならなかった。彼は、イエスの生とその死も合致の経験として考えた。それゆえ、彼は、十字架の死について以下のように瞑想した。

最大のものは最小のものと合致する。それゆえ、最大の謙遜が高挙と合致し、有徳な人の最も屈辱的な死が栄光の生と合致するのである。（第三巻第六章二二〇）

これはまじめなキリスト教ではない、と言う資格はわれわれにはない。けれども、それは、新しい、そして独自のキリスト教であり、非常に個人的で、危険なキリスト教だった。それは、終着点ではなく、クザーヌスの生涯に及ぶ思索の運動のきっかけだった。

7　遍歴時代　新たな思想――『推測について』他

中世の司教は、ともするとわれわれが思い描きがちなように、平和で、精彩を欠いた、穏やかな生活を送っていたわけでは決してない。司教は、たいていは比較的年齢が若かったが、広範囲の地域を馬で旅行することを常としていた。彼らは、都市の防御、貨幣制度、自分の司教座大聖堂に付属する学校の経営、狩猟、主要な政策など、すべてを配慮しなければならなかった。際立った豪勇の士である司教も少なくなかった。彼らの中には、信者たちによって殺害される者もいた。クザーヌスの時代にも、ローマで市民の暴動が起き、教皇は逃亡を余儀なくされた。ジュリアーノ・チェザリーニのように殺害された枢機卿もおり、ニコラウス・クザーヌスのように、したたかなヴェネツィア人と交渉しなければならない枢機卿もいた。それは、ヴェネツィア人にとってはむしろ商取引のお得意様だったトルコ人攻撃のために、彼らの船舶を提供するように、という交渉だった。

彼の職務内容は、一九世紀のドイツの大学教授のそれのように継続的なものではなかった。

彼は、常に旅の途上にあった。一四三七年から、彼は教皇特使としてビザンツとフェラーラに旅行し、その後、一〇年の長きにわたって特使としてドイツ国内を旅した。一四五一年、彼は、再度ドイツにおいて特使としての大旅行を行なった。一四五二年の初めから、彼はブリクセン（現イタリアのブレサノーネ）の領主司教の職を務めたが、しかし、まさしくその地で紛争がしだいに激化した――それは、軍事的な奇襲を引き起こすまでに到り、死傷者も出た。オーストリア大公・ティロール公ジギスムント――彼は、この時代の趨勢から、領主の支配権を拡大しようとした――に圧迫され、クザーヌスは、自分の司教都市からの逃亡を余儀なくされた。彼が改革しようとした数々の修道院では、抵抗に出会った。それは激烈な様相を呈した。彼はあらゆることを覚悟しなければならなかった。それがどれほどだったかは、つぎのことから明らかとなる。彼は、毒を塗った十字架を口づけのために彼に差し出したのではないかという嫌疑を、一人の敬虔な修道士にかけた。数限りない訴訟が続くことになった。

こうしたすべてのことは、彼の著作から見てとれる。それらは、しだいに短くなっていった。一四四〇年、彼は『知ある無知』を上梓した。けれども、彼は、その中で表明された新たな思想にさまざまな難点を認めた。われわれの理論と真理との関係は、多角形と円との関係のようなものである、とそこでは言われていた。だが、このことを主張するために、われわれは、円とは何かを知る必要はないのか。われわれがそれを知っているとすると、その場合に、われわれが何も知らないということ以上に、実際には、何かを知っていることになる。すると、体系全体の位置が変わる——認識のより大なる確信に向かうことになるのである。従来の知に対する批判は変わらない。しかし、新たな知はその豊かさを証明しなければならないのである。

ここに、ビザンツからもたらされたさまざまな新しいテクストが加わった。それらは、悟性（ratio / Verstand）と理性（intellectus / Vernunft）との彫琢された区別を含んでいた。それによると、精神的な認識には二段階があった。悟性は、感覚的な知覚を取り扱う。それは区別に関係し、さらに諸事物を命名する。理性は、悟性がそれをどのように遂行するかをじっと見ている。それは、自分の諸条件を認識し、その根拠、つまり理性がそれ自身であるところの根拠を見る。理性は、悟性が大きな諸問題にぶつかって挫折せざるをえないことを見る。悟性は有限なもののために造られた。無限なものの場合に——それが宇宙であれ、理性自身であれ、無限な一なるものであれ——悟性の区別する思考は、破綻せざるをえないのである（『知ある無知』第一巻第二四章七六、第三巻第六章二一五—二一七参照）。

クザーヌスは、このことを明確にしたことによって、彼の思想を『知ある無知』の段階を超えて押し進めた。彼は、彼自身の思想の訂正を整然と展開した、大きな著作を再び執筆した。そして、この三番目の主著を『推測について』（De coniecturis）と名づけた。これが彼の大きな著作としては最後だった。われわれが立っているのは、一四四二年から一四四三年までである。クザーヌスは、諸根拠を取り戻し、理解の助けを与えなければならなかった。彼はよりきめ細かに語らねばならず、それゆえ、彼の新しい著作は、それ自体、着想に富んではいたが、最初の著作よりも、より錯綜し、難解になった。彼は、彼の新たな思想がもつ経験の豊かさを明確に見せようとした。それは、決して現実から切り離された「神学」ではなく、現実の世界の究明のための普遍的な方法論となるべきものだった。それは、彼がカタルーニャの思想家ライムンドゥス・ルルスから借りた表現で語ったように、「普遍的な術」（ars generalis）となるべきものだった。彼は、一なる無比の実在のあらゆる輪郭を、これまでとは違う新しい光の中に置こうとした。このことは、自然学にも、人間の自己理解にもあてはまる。クザーヌスは、いまや芸当をやってのけなければならなかった。それは、人間の知の限界――接近性という特徴、真理の円における多角形のイメージに限られていること――と、人間の認識がすべてを把握することとを、ともに概念的に言い表すことだった。それゆえ、クザーヌスはこう述べた。人間はすべてを把握し、彼の認識能力からは、原則的には何ものも逃れることはできない。感覚によってであれ、悟性によって（ratione）であれ理性によって（intellectu）であれ、彼はすべてに触れるが、しかし、常に同時に差異の経験を伴って触れるのである。他性も常に残る。けれども、いまや、『知ある無知』とは異なり、強調点は、無力さにあるというより、あらゆることへの到達可能性にある。決定的なことは、いまや、無限なものの無規定性ではなく、認識可能性と認識不可能性の合致だった。そこで、クザーヌスは、この合致をどのように理解すべきであるか、助言を与えた。

無限の一性に関与することが、不可能でも可能でもあることを、把握しなさい。そうすると、私の言うことが、どれほど実り豊かであるかを把捉するだろう。(『推測について』第二巻第六章九八、四—五、『全集』第三巻九五頁)

これが、悟性の思考を基礎づけ、同時にそれ凌駕する理性の思考である。理性は、規定されることと規定されないこと、知と無知が同時であることを把握する。理性の神は、単に隠れているのではない。隠れていると同時に隠れていない。そして、人間はこのことを把握することができる。すべてを把握することにおいて、人間は神のようである。

人間は神であるが、人間である以上、絶対的な意味で神なのではない。それゆえ、人間的な神（deus humanus）である。人間は世界でもある。（…）彼は小宇宙（microcosmos）もしくは人間的な世界である。人間本性の領域は、その人間的な力によって神と世界を包み込む。それゆえ、人間は人間的な神であり、あるいは、神のようである。彼は人間として、人間的な天使、人間的な野獣、人間的なライオン、熊、その他の何であれ、そうしたものでありうる。（同上第二巻第一四章一四三、『全集』第三巻一四三頁）

人間に関するこの賞賛がもたらす帰結は、さらに遠くに及んだ。領主の息子ピコ・デッラ・ミランドラ（一四六三―九四年）が一四八六年に執筆した『人間の尊厳について』（De dignitate hominis）のテクストは有名である。この著作の中に、多くの歴史家は、「ルネサンス」における自意識の最良の理論的な表明を見いだす。そこでは、人間がつぎのように賞賛される。すなわち、人間は、唯一の被造物として、いかなる固定的な本質も与えられなかった。彼だけが自分自身にその本質を与えることができる。彼は神になることもできるし、天使あるいは野獣にもなることができるのである（一・五―三・七参照）。今日では、ピコがクース出身の思想家を知っていたことが、判明している。私は、ピコがクザーヌスの思想を繰り返したにすぎない、と言うのではない。けれども、クザーヌスがいなければ、彼は、自分の新たな理念を展開することもできなかっただろう。人間の賛美に関して、彼には先達がいたのである。クザーヌスの著作『推測について』においては、人間が確実なことは何も知ることができないということとは、まったく別の事柄が述べられていた。本書は、思弁的な思考と人間的な自己主張の黄金の粒を含んでいたが、しかし、ニコラウス自身は、まもなくこの書を、ややこしく、あまりにも回りくどいものと見なした。このため、いやそれだけではなく、彼が常に旅の途上にあったこともあり、彼は、四〇代の半ばから、ますます簡潔な形式と分かりやすい語り口を求めるようになっていった。彼は努めて簡潔を心掛けた。そうすることで、彼の思想を精確に伝える表現に成功したのである。以下に彼の短い著作から、二つの例だけを取り上げることにする。最初はこれである。

理性的な諸本性の固有のあり方とは、それらが、理性的存在として、あらゆる分有を排除するものを分有することである。(『神の子であることについて』八〇・四、『全集』第四巻五八頁)

理性的な本性は、思考されえないものを考え、語りえないものを語る。クザーヌスについて、彼の神は隠れたる神である、と言う者は、このことを念頭におかなければならない。彼の神は——これまでの神学を規定してきた悟性的な知にとっては——、隠れている。隠れていることと隠れていないこととの対立をも超えて把握する理性にとって、神は、隠れていると同時に隠れていないのである。とはいえ、知と無知とは、結び合わされないままで並立するのではない。それらは、同一の思考過程の諸段階として入れ違いに生じてくるのではない。それらは同一の思考活動である。私は知らないということによって、私は無知について語りうるにすぎない、ということを把握する。というのも、私は無知を超えて理性的に見ているからである。この「それを超えて—さらに—あること」(Darüber-hinaus-Sein)が、いまや本質的なことである。敬虔な神学的言説はつぎのように言う。神は思考にとって隠れたままではありえない。思考しつつ探求するものは、神を見いだすに違いない。

もし正しく探求されさえすれば、いたる所に存在するあの者に、達しえないことはないだろう。(『神の探求について』一・三一、『全集』第四巻二二頁)

神はいたる所に存在する。彼は無とは異なっている。彼はわれわれの思考の中にも存在する。われわれは、彼を遠くに探求しなければ、彼を正しく探求している。それゆえ、クザーヌスはつぎのように記すこともできる。

彼（神）自身が、われわれのうちで認識する。（同上二・三六・八）

これらの小著作の中の別の表現も、特に注目を引く。クザーヌスは一度だけ、神、世界の創造、人間が神の子であることについて自分は語る、と記す。

というのも、私がキリスト教徒であり、あるいは宗教共同体に属するからというのではなく、理性が別の仕方で考えることを、私に禁じるからである。（『創造についての対話』第二部一五八・一五以下、『全集』第四巻一一四頁）

彼が敬虔なキリスト教徒としてではなく、いわんや教会人ないし聖書神学者として思考したのでもない、と言うことができないことはより明白である。彼は、このすべてだったが、しかし、哲学者として論証した。それは、当時の学校哲学からでも、聖書からでもなく、むろん大学の神学からでもなく、そうではなく、ただ人間の理性から論証したのである。

これらの印象深い言葉は、一四四〇年から一四五〇年までの不安定な時期に由来する。

8　マルケでの休息時間――『知恵・精神・秤の実験に関する無学者の対話』

一四五〇年の夏、教皇特使としての活動が中断した。絶えず旅路にあったクザーヌスは数か月間の休息を得た。彼は、友人であり、人文主義者だった教皇ニコラウス五世（在位一四四七―一四五五年）の宮廷に居た。教皇は、一四五〇年を聖年大赦の年と宣布した。ローマの町は巡礼者で溢れ、そのため、テーヴェレ川の橋が混雑し、パニックとなった。数百人の死者が出た。本来であれば、聖年大赦の際に、教皇はローマにいなければならなかった。けれども、ローマ東南部のポンティーノ沼沢地干拓がなされる以前、ローマの気候は不健康だった。加えて、ペストの脅威も迫っていた。簡単に言うと、教皇は、天国の到来が早すぎることを憂慮し、イタリア半島のアドリア海側のマルケに教皇庁と共に避難したのである。そこで、クザーヌスは、数か月の余暇を得て、三冊の著作（『知恵に関する無学者の対話』『精神に関する無学者の対話』『秤の実験に関する無学者の対話』）を執筆した。それらは、一人の無学者、つまり一人のローマの職人との会話を扱っている。

クザーヌスは以前にもすでに対話を執筆していたが、今度の対話は、地域的な色彩を帯びていた。われわれがいるのは、ローマの中央広場である。広場の喧騒があまりにもひどくなったので、対話者たちは床屋の客間に退く。彼らは、知恵と精神について語る。最後に、無学者が自然研究に関する新しい構想を描き出す。彼は、すべてを、文字どおり、す、べ、て、を計量しようとする。彼は、診断の目的で病人の血液と尿を計測するだけでなく、さまざまな気候の諸条件のもとでの大気や諸要素も、そして人間すらもさまざまな物理的な状況において計測しようとする。彼が望むことは、まさしく人間も含む自然全体を根本的に数量化することである。

これは、新しい、かなり根本的な思想であり、枢機卿にガリレオの先駆者という名声をもたらした。これは言いすぎだった。というのも、ガリレオは、自然の研究者として異なる非凡さをもっていたからである。さらに、自然研究に関する著作は、クザーヌスの仕事の中では、むしろ孤立していた。それは、知恵および精神に関する対話の分量には及ばない。これらによって、クザーヌスの思想は、新しい段階に入るが、もちろん、あいかわらず最終的な段階ではない。無学者が提示することは、新しい知が可能であり、また必要であること、それは、書物の知恵と諸権威に依拠するのではなく、直接的な経験に依拠する知である、ということである。知恵は、伝聞によってではなく、特有の「味わうこと」から生じる。sapientia（知恵）は

sapere（味わうこと）に由来するのである。書物による学者は、馬のようなものである。馬は、飼い葉桶につながれ、そこにほうり込まれたものだけを食らうからである。だが、知恵は自由に走り回ることを要求する。言葉と書物が、人間と事柄とのあいだに入り込んだのである。われわれは、このとらわれた状態から自由にならなければならない。無学者は、学者の営みの徒労と無味乾燥を嘆く。だが、そこから彼は、つぎのことを明らかにする。新しい知のあり方は喜びを生み出す。真理は幸福にするものであるが、これまでの学問は、まわりくどく、うんざりさせるものだった、と。

あるクザーヌス研究者は、『知ある無知』が、どちらかと言うならば、悲しい口調で終わっている、と考えた。このことは、哲学的な神論を扱う第一部にはうまくあてはまるが、しかし、宇宙論的な探求の開始、つまり第二巻の冒頭では、自然における調和と数を発見することがもたらす喜びが語られている。無限の一性、つまり神に関する熟考は、一四四〇年に、どちらかと言うならば、あきらめの口調で終わった。われわれは、神が何であるかを知ることができない。まさしくそのゆえに、われわれは自然に向かう。色とりどりの反照のなかで、われわれは生命をもっているのである。

一四五〇年には、すべてが様変わりしているように思われる。自然は冷静に見られている。

その中の万物は、何よりもまず量的に研究されるべきであり、計測器、秤を用いて客観的に研究されるべきなのである。神的な真理は、万物に見いだされる。理性は、すべてを、神性も自然も包括する。真理はいまや路上で叫ぶ。新しい軽やかさが起きつつある。それは、大学の権威へのこだわりと対照的である。職人は、真の哲学者の原型である。彼は、現代のソクラテス、戻ってきたソクラテスである。彼は、困難な事柄が容易であることをわれわれに教える。彼は、つぎのことを理解させる。新しい時代の幕が開いた、人間の自己理解と自然研究の新しい時代の幕が開いた、ということである。

無学者は、知の改革を要求する。人間も動物も、すべてのものが計測されねばならない。けれども、この万物を計測するというプロジェクトは、クザーヌスがこの世界を生命のある一性として把握することを、排除しなかった。彼は、根本的な機械化を望んだが、しかし、彼は、それによって、自然がむしろ偉大な生命体のように考えられうるということ、そして、われわれがこの自然に属しているということを、排除しようとはしなかった。自然は、われわれにとって、計測の対象として対峙しているだけではなく、われわれは、自然がわれわれのうちにあり、われわれ自身が自然であることを、知らねばならなかった。さらにまた、すべての存在を計測する際、この万物を生命と考えることは妨げとならずに、介入することが許された。計測がなされる場合、無条件で、厳密に経験的に計測がなされる。それは、枢機卿のまったく別の哲学的な原則であり、彼の当初のプログラムにとって妨害となるものだった。このプログラムとは、経験においてすべては常に異なる、という認識である。諸事物は、それらが今あるところのものとして、留まることはない。それらは、最初の場所とは別の異なる場所にある。それらは、たとえ見た目にはすぐに現れなくとも、絶えず重さを変化させる。この世界が計測されねばならないときには、多くの場所で多くの時に計測がなされねばならない。その場合、われわれは、計測しつつ差異を確かめなければならない。例えば、乾いた羊毛と湿った羊毛の重さの違いである。場所の高低の差異、時間的な差異が注意されねばならない。だが、この研究プロジェクトは個々人の能力を超えることでもある。「無学者」はこのことを承知している。多くの計測者が協同しなければならない。ある特定の木材が、いかなる条件のもとで、どのような重さになるかをつきとめるには、研究グループを必要とする。さらにまた、この研究グループは、彼らの成果を持ち寄り、比較しなければならない。それゆえ、各々の研究者がその成果を記載する書物が出来上がるはずである。差異は、それらが並列され、比較がなされて、はじめて「語り出す」だろう。

「無学者」は、書物の知とあらゆる権威の文化を強烈に排斥したのに、ここに到って書物を要求する。彼は、同時代人のグーテンベルクの名は挙げないものの、新しい知のための新しい手段を要求しているのである。同じ書物がすべての自然研究者に同時に届くとしたら、その場合に、このプロジェクトは実行できるのである。ところが、これは手稿写本ではできなかった。さまざまな比重を記した一覧表が印刷され、それによって地域を越境して、比較と訂正がなされうるのである。われわれは、クザーヌスがちょうどこの年、生じつつある書籍印刷に関心をもったことを知っている。ドイツの諸都市の中で、マインツほど彼が長く滞在した都市はない。ドイツの主席大司教座（Primas Germaniae）があるマインツで、彼は、大きな政策に携わった。けれども、職人を自分の洞察の代弁者にした彼は——フィレンツェにおける彼の友人パオロが実務家ブルネレスキとそうしたように——、金細工師グーテンベルク（一三九八頃—一四六八年）と歓談できただろうか。われわれには分からない。確かなことは、彼が印刷をイタリアに紹介しようとしたことである。彼の秘書で腹心の部下ジョヴァンニ・アンドレア・デ・ブッシ（一四一七—七五年）は、イタリアの国土における最初の出版工房の支配人だった。さらにまた、無学者が、心の中でグーテンベルクのような人物に願おうとするかのように、彼の研究プロジェクトを展開することも、確かである。

休暇による滞在、親しい教皇による学術の保護、新たな研究プログラム、これらがみなこの夏に一致した。しばしば、クザーヌスは枢機卿であり、彼の友人トマゾ・パレントゥチェリは教皇ニコラウス五世だった、と言われる。このことは間違いではないが、しかし、彼らを、今日もどこかで通用する意味での「神学者」と呼ぶのであれば、これらの教会指導者を戯画化することになる。彼らは、領主でもあったし、また人文主義者でもあった。彼らは新しい世界における新しい知を望んでいた。これらの改革者たちは、新しいものを建て上げようとするときには、古いものを取り壊さなければならないことを知っていた。彼らは、キリスト教世界の厳かな建造物、コンスタンティヌスのサン・ピエトロ大聖堂の改築を計画した。このマルケ滞在において、天才的な建築家で著述家でもあるレオン・バティスタ・アルベルティ（一四〇四―七二年）も教皇の側近グループの中にいたことについては、多くのことが語られている。すべての事物の重さを計測するという、クザーヌスのプロジェクトは、この建築家そして自然の精通者にとって至極当然だった。彼は、同様の探求について執筆していたからである。このトップグループにとって「神学」は重要ではなかった。彼らが望んだのは、人間の生活そしてキリスト教的な生活の新しい形だった。しかし、言うまでもなく、彼らは、知の改革の新しい時代がキリスト教に関する深化された理解を要求することも知っていた。したがって、この世紀の真ん中でなされた無学者の対話においても、このことが問題となる。

匙職人（無学者）は、自分の工芸について語る。彼は、それがどのように自分の生計を確実にするかを明らかにする。同時に彼はそれを、どのようにして人間が自然の事物を造り直し、技術的な生産品の新しい世界を確立できるのかということの証拠と見なす。芸術と工芸は、単純に自然を模倣するのではない、それらは、創造的な活動である。人間は、生産的であり、それによって創造者である神の概念を手に入れるのである。人間が新たな事物を生み出すとき、そして新たな概念を生み出すとき、彼は神に近い。神は遠くに消え去っているわけではない。確かに、神は、それ自身においてどのように存在するかは、知られないままである。けれども、われわれの精神は、神の似像である。王が知られていなかったとしても、われわれが彼の像をもっているならば、この像が王国におけるすべての事物の基準となろう。同様に、この世界における精神の位置は支配的である。哲学者たちは、これまで精神について互いに矛盾した解釈をしてきたが、しかし、言葉の芸当によるのではなく、経験の近さをとおして、彼らを和解させることが重要になる。このソクラテスのような職人は、彼らの矛盾が調和しうることを示す。目標は、「協和」（concordia）、矛盾する教説の協和である。この書物に頼らない思想家は、何よりも、プレトン以来西欧世界を悩ませてきた、プラトン学派とアリストテレス学派の伝統的な対立を、容易に乗り越えることができる、と言う。

無学者は、多くのことを約束する。彼は、複雑で鈍重な書物の世界から導き出そうとする。これまでの知は、不必要に複雑で無味乾燥だった。無学者は、知恵は賞味されうるものであることを示そうとする。自ら作り出したさまざまな紛糾がいったん取り除かれさえするなら、知恵は味わいである。知恵は、人間の幸福である。そして知恵は神である。知恵を人間の特質と考えても無意味である。知恵が人間の中に入って来るのではなく、人間が存在している知恵へと参入していくのである。無学者が教えるように、われわれは知恵を創造されたものと考えることはできない。すでにマイスター・エックハルト（一二六〇頃―一三二八年）は、創られたものであることが知恵の本質と矛盾することを教えていた。「知恵は、創造されうる理由をもたない」（Sapientia non habet rationem creabilis. Quaestio Parisiensis 1, 4; Lateinische Werke, Stuttgart 1936ff., Bd. 5, S. 41.）。それは、原理的に創造されえない。クザーヌスは、エックハルトの名前を挙げていない。教皇特使だった彼は如才なく、断罪された人物から引用することはしない。けれども、クザーヌスがこのテクストを知っていた可能性はある。彼は、エックハルトの思想を彼の無学者の口から語らせる。知恵の中に生きる者は、彼の幸福を見いだした。すべては彼にとって容易である。最も難しいことですらも容易である。無学者は、このことを一つの例えで示す。君は、神について概念を作ろうと思うか。君は、神とは何かを問うか。これに答えることほど容易なことは何もない。君は、自分自身に、つまり、たったいま立てられた君の問いに、君を向けさえすればよい。君が神についてある概念を追求するなら、君はすでに当の概念が何であるかを知っているのだ。君の問いがすでに含んでいることに注目しさえすれば、君は直ちに求められていたことを見いだすだろう。

神は、諸概念の概念である。（『知恵に関する無学者の対話』三四・一二、『全集』第五巻六七頁）

君は、神を事物のもとに探求すべきではない。君を君の問いに連れてきたもの、概念の概念を考えてみなさい。君の家についての概念は家を含むが、しかし家ではない。石造りの家と人間の思考の対立は、思考そのものの中にはない。対立はそこにおいて廃棄されている。諸概念はまだ相互に対立をもつ。規定Aは規定Bではない。そこで、これらの対立する概念がそれでもなお何を共通にもっているかを、考えてみなさい。それらは、二つの概念である。すると君は、対立する諸概念の「概念であること」（entitas / Begriffsein）を把握する。諸概念の「概念であること」は、すべての概念を包含し、単なるAとBではない。この「概念であること」のもつ包括的な把握を、私は神と呼ぶ。というのも、諸概念の「概念であること」は、すべての個々の概念の中にあるが、いかなる個々の概念にもならないからである。われわれは、神を確定することができない。神とは、何もそれに対立するものがないところのものである。彼は、われわれの諸概念の対立から解き放たれている。「解き放たれている」、これがラテン語ではabsolutusである。それゆえ、無学者はこうも言う。神は、絶対的な概念、解き放たれた概念、対立から自由な概念である、と。さらに、われわれの精神は、神のようなものである。すでに旧約聖書において、人間は神の似像と呼ばれている。けれども、このことは、クザーヌスの無学者の口から新たな意味を獲得する。われわれは、精神として反対対立から自由である。われわれは、展開され、常に対立していく世界の似像ではない。われわれは、世界の諸対立の包含の単純な、しかし内容豊かな似像である。われわれは、諸概念の概念の似像であり、この世界にあって絶対的な概念を代表する。われわれは、諸対立からの自己解放である。そしてこの活動は、固有性のように、われわれに帰属しているのではない。われわれは、第一に精神であり、ついで解き放つ活動へと移る、というのではない。われわれは、精神として、本質的に活動なのである（『精神に関する無学者の対話』第五章八〇、『全集』五・一二一）。

9　トルコ人との戦争と永続的な平和——『信仰の平和』

一四五三年五月二九日、ビザンツが陥落した。未曾有の恐怖が襲った。あらゆる残虐な事柄がトルコ人征服者に帰せられた。難民の報告によると、征服者は戦争に貪欲であり、彼はイタリアを征服すべく艦隊を整えている。彼は血に飢えており、アレクサンドロスとカエサルよりも強いと思い込み、ブリンディジに上陸し、ヴェネツィアを壊滅させ、つぎの夏にはローマを征服し、キリスト教を消滅させようとしている。彼は、世界の支配権を得ようとしているのだ、と。

事実、スルタン・メフメト二世によるコンスタンティノープル陥落は、急激な転機だった。一一〇〇年以上も保たれてきた政治、宗教、文化的な状態が、突如、終焉したのである。ヴェネツィアの東方への拡大も終わった。ジェノヴァ市民の居住地も破壊された。しかし、何よりも、ビザンツは皇帝の栄華の真骨頂だった。そこには黄金も聖遺物もあった。そこでは、人々は——全西欧世界と異なり——ナイフとフォークで食事をすることをやめなかった。ギリシアの学問と神学という不滅の財宝があった。もちろん、メフメト二世は、町を壊滅させるつもりはなかった。彼は、塁壁と公共の建物を再建した。帝国の他の地域からムスリム、キリスト教徒、ユダヤ人を首都に移住させた。今日の歴史家は、彼を文化と学問の奨励者と呼ぶ。とはいえ、西方における興奮は凄まじかった。後の教皇ピウス二世、エネア・シルヴィオ・ピッコローミニは、現教皇ニコラウス五世に宛てた一四五三年七月一二日付の書簡で、つぎのように記す。

コンスタンティノープルから届いたばかりの恐ろしい報せについてはどうでしょう。これを書き記しているあいだも、私の手は震え、私の魂は驚愕のあまり硬直しています。憤りは私に黙っていることをゆるさないのに、苦痛のあまり語ることができません。ああ、悲惨なキリスト教世界。ひとは生きることにためらいを覚えます。このような崩壊の前に死んでいれば、どんなに幸福だったでしょう。(…)私は、閣下の同情と共に、キリスト教の途方もない没落を悼むことに、甘んじるほかはありません。私は、ハギア・ソフィア聖堂のことを悼みます。全世界でこの上なく有名ですが、今は破壊され、あるいは汚されています。私は、聖人たちの無数の教会、驚くべき建造物のことを悼みます。今それらは、メフメトの手によって破壊され、汚されています。そこに無数にあった書物、西欧ラテン世界がまだ知ることのできなかった書物についても語るべきでしょうか。ああ、どれほど多くの偉大な人々の名が、いまや永久に失われたのでしょう。ホメロスにとって二度目の死、プラトンにとって二度目の死です。私たちは今から、どこに哲学者と詩人の魂を探し出すべきでしょう。ムーサイの泉は涸れ果てました。とはいえ、この悲惨をそれにふさわしい声で嘆き悲しむことができるだけの力は、私たちの精神に残っているように。聖なる父よ、すべては灰燼に帰し、私の心臓を刺し貫きます。信仰と文化は、ことごとく破壊された、そう私は思います。

ローマは戦慄した。高位聖職者も世俗の人々も、報復攻撃、防衛戦を唱えた。わずかな人々だけが別の方途を考えた。その中に枢機卿クザーヌスと大司教セコビアのフアン（一四五六年以降歿）がいた。彼らは、宗教について協議し、語り合うことを望み、戦争の遂行は望まなかった。クザーヌスが、ボスポラス海峡に面した皇帝の都が陥落したという報せを、一四五三年七月二八日に受け取ったとき、彼は、ローマからブリクセンへ向かう途上にあった。彼自身が語るとおり、彼は、戦争がもたらした苦難に衝撃を受けたけれども、哲学者そして著作家として応答することを心に決めた。そして『信仰の平和』(De Pace Fidei)を執筆する。この中で彼が示そうとしたことは、宗教戦争を回避することができる、ということである。すべての人が、根本的には、唯一の同じ宗教をもっているとするなら、祭儀と形態が異なるにすぎないだろう。この著作は、すでに同年の九月には、書き終えられた。本書はつぎのような言葉で始まる。

先ごろコンスタンティノープルにおいてトルコの支配者の手でなされた残虐な事柄に関する知らせは、かつてこの地を訪れたある人を、神の怒りが満たしたため、彼は激しく悲嘆しつつ、万物の創造者に訴え、異なる宗教的な儀礼のゆえにこれまで以上に激化している迫害を、万物の創造者の慈しみによって鎮めて下さるように、と願った。数日後、怒りに捉えられたこの人に——おそらくは、四六時中このことについて思いつめたせいだが——ある光景が現われた。そこからつぎのような結果が生じた。つまり、世界の諸地域のさまざまに異なる宗教的な慣習すべてに精通している少数の知者たちは、一つの調和を容易に見いだしうる、ということである、彼らは、適切で、真理に基礎づけられた仕方で、永続的な平和、宗教の平和を打ち建てることができるだろう。

それゆえ、この洞察が、こうした重大な事柄に強い影響をもつ人々の認識に達するように と、彼は、記憶が示す限り、簡潔で明確にそれを書きとめたのである。(『信仰の平和』第一章二)

クザーヌスが語るところによると、彼は、衝撃の数日後に、ほとんど朦朧とした中で、永続的な平和の理念を抱いたのである。彼は、ローマの無学者のように、容易に獲得されうる協和を約束する。決してスコラ的な煩雑さに立ち戻ることはしない。彼が望むことは、果てしない宗教論争ではなく、単純な洞察であり、彼は率直にそれを示そうとする。本書は、特に深遠なことではなく、有益であることを意図する。それは、神の名における宗教間相互の殺戮を終わらせることにある。そのために必要なことは、あらゆる宗教グループから若干の哲学者たちを集めるだけでよい。彼らは、祭儀は多様だが、しかし、彼らがみな意図しているのは一つの宗教である、ということを認めるだろう。各々はそれを追求するべきであり、儀式が多様なままであることはいっこうに構わない。哲学者たちのなすべきことは、彼らの民のところに戻り、彼らの相互に矛盾する宗教の形式と儀式の深い意味が一つの理性宗教だということを、説明しさえすればよかった。そうすれば、平和が確保されることになろう。

続いて本書は、賢者たちが世界のあらゆる地域から天上に集まり、念入りな考察によって、実際には多様な儀礼の中に一つの宗教だけが存在するということを、平和的に合意するさまを詳しく語る。「儀礼の多様性における一つの宗教」（Una religio in rituum diversitate）、これは決定的な定式である。相違は、いかなる暴力の行使も正当化しない。確かに、信心深い者たちは、頑固な者たちを暴力的に改宗させ、あるいは殺害するとき、神に尽くしていると信じているが、しかし、彼らは思い違いをしているのである。そこで、哲学者たちは、神自身の司会のもとに天上で開かれる哲学者の会合から、自分たちの民のところに戻ったとき、このことを教え、納得させねばならないのである。

このプログラムは、寛容思想の成立における決定的な記録である。多様な信仰形態、多様な供儀の形態、多種多様な祈りがあるが、これらは儀礼であり、宗教にとって本質的なものではない。教義的に考える者たちにとって、このことは不愉快である。彼らは、信仰箇条を、まったく文字通りに真であると考え、それらが外面的な儀礼にすぎないということを、憤慨して拒否する。そこで、哲学者会議から戻って来た思想家たちは、まずその本当の意味を説明しなければならない。教義的に考える者たちは、信仰箇条が神から直接由来するかのように信じている。それゆえ、彼らは、クザーヌス的な解釈を受け容れるよりも、この信仰箇条に命を捧げ、死ぬこともいとわない。こうした抵抗は、現代に到るまで、あらゆる種類の原理主義者たち——キリスト教徒の場合でも——に見いだされる。

エティエンヌ・ジルソンが、二〇世紀の最も卓越したカトリックの哲学史家だったことは、言うまでもない。彼は、クザーヌスの宗教的な著作についてつぎのように述べた。本書には二つの不思議なことがある。第一に、これを執筆したのがキリスト教徒、それどころか枢機卿だったことである。第二に、カトリック教会が、本書を久しく禁書としなかったことである。これに対し、私は、本書について二つの点で驚くべきことがあると思う。第一に、これが永続的な平和に関するプログラムを明確に含んでいることである。第二に、本書があらゆる宗教のなかに一つの真の宗教を見いだすように導いていることである。それは、歴史的な事実や地域的な諸慣習ではなく、人間の理性に基礎づけられた宗教である。永続的な平和と一つの理性的な宗教という理念を、多くの学者は典型的に近世のものと見なしている。両プログラムは、一七、一八世紀のもの、つまり「啓蒙主義」に属していた。こうした学者たちは、たぶん、一七、一八世紀に関しては有能な専門家たちなのだろう。ただ、彼らには、ささやかだが欠点がある。ニコラウス・クザーヌスの平和論を読まなかったことである。

私としては、この文書を寛容の理念の歴史における一里塚と呼びたい。本書が、この点で影響を与えたことは明白である。とはいえ、本書は、後代の意味における原理的な寛容を教えているわけではない。クザーヌスが意図したことは、哲学者たちの話し合いにおいて、すべての賢者に、哲学的な論証によってつぎのことを示すことができるということだった。すなわち、確かに、彼らの宗教は、外面的には異なってはいるが、しかし、正しく、つまり哲学的に寛容な仕方で解釈され、新プラトン主義化するキリスト教を指し示している、ということである。彼は、祭儀の多様性を許容しようとした。このことは新しかった。けれども、彼は、さまざまな祭儀が哲学的に解釈されたキリスト教の部分的な諸真理であるということを示すことができると信じたからこそ、それらを許容しようとしたのである。

枢機卿の実際的な政策は、これとは異なっていた。クザーヌスは、時とともに、彼の判断を硬化させた。後に彼は、イスラームに関して、一四五三年よりも否定的な判断を下した。この当時、彼の念頭にあったのは、「剣をもつ者は、剣によって滅びる」という新約聖書の真理だった。後に彼は、トルコ人に対する十字軍の準備に協力した。彼は、ユダヤ人に対しては積極的で根本的な敵対者だった。クザーヌスのエキュメニカルな態度が誇張されることもまれではなかった。天上において諸理念に適用されることが、彼にとって、この地上では到底十分には適用されなかった。例えば、ユダヤ人はユダヤ人を識別するための星印を身につけなければならないという法も、この地上においては有効だった。彼は、一二一五年のラテラノ教会会議におけるこの古い法を押し通そうと、幾度も努めたのである。

10　人は神を観ることができるか――『神を観ることについて』『緑柱石』

新しい思想を伴ったクザーヌスの諸著作は、彼にとって敵と味方を生み出した。大学の言葉づかいに慣れた者、「学問」とは昔から知られていたことを詳しく説明することだと理解していた者は、憤慨した。クザーヌスの著作には、すべてが新奇で、耳慣れないことが記されているように思われた。彼は、神学者たちをからかった。彼らは、自分たちの教師が語ったとおりのことを語ることができるということだけで、神学を学んだと思っているからである。けれども、彼に対して月並みではない異議もあった。彼はあまりにも多くのことを期待させなかっただろうか。知の役割を過大に評価しなかっただろうか。彼が数学的なシンボルを用いたことが、数学的なまやかしで神学を台なしにしたという非難を招いた。さらに、もし、われわれが、この世界について、それが有限であり、同時に無限でもあると言うことができ、思考について、それが静止しており、同時に運動していると言うことができ、神について、それが創造し、創造されもすると言うことができるとしたら、われわれはどうしたらよいのだろうか。そうなった場合、どのような恣意的な考えにも門戸が開かれたのではないか。

中世の学問が生み出したものは、神学、法学そして医学においても、知識の素材の厳密な論理的配列だった。それは、アリストテレスの論理学を用いることによって、明確にされた。この利得がいまやあっさりと犠牲にされるのか。多くの人々が、不信を抱くようになった。というのも、クザーヌスが、あまりにも高く人間を評価し、原罪に関してほとんど語らないか、もしくは、まったく語らなかったからである。そもそも、クザーヌスには、伝統という家畜小屋の悪臭がなかった。彼の著作には、文体においても内容においても、不安をもたらす何かがあった。彼の語ることが正しかったのか、それとも、彼とはあまりにも異なったことを語った大学の学問全体が正しかったのか。

彼の友人たちもこの疑問を抱いた。友人たちは彼に書簡を送った。自分たちには多くのことが理解できない、もう一度それを説明してはもらえないか、と。特に合致の思想がそうだった。ひとが神についてどのような術語でも肯定できると同時に否定できるということは、いったい何を意味するのか。その場合、神が存在することと、神が存在しないことが、まったく同様に真となる。さらに、神は正しいが、しかしまったく同様に、神は正しくないことにもなる。さらにまた、無限に関するクザーヌスの情熱も妨害となった。神とは、何もそれに対立するものがないところのものだった。すると、もはや世界も神にとって対立しないのか。さらに、神はあらゆる実在であり、唯一の実体だった。しかし、学校においてひとは、多数の実体が存在することを学んだ。例えば、多くの木々は、各々一つの実体である、と。クザーヌスは、実在の一性を主張した。彼はそれによって万物を互いに押し込んだのではないか。相違を解消したのではないか。神と世界との間の相違も解消したのではないか。特に、宇宙も境界を失うはめになった。ときおりクザーヌスは、宇宙が目に見える神であり、生きている、と言わなかっただろうか。彼の宇宙は、巨大な世界獣であり、他の星には理性的な存在がいたのである。

これらはすべて、衝撃を与えるものだったし、衝撃を与えたにちがいなかった。方向転換をしなければ、いかなる新しい生も不可能だった。これは、無学な思想家が提示したように、学問にもあてはまった。さまざまな習慣はふるい落とされ、さまざまな伝統は吟味されねばならなかった。これは痛みを伴ったために、友人たちは、理解するための助けを期待した。その友人たちとは、大学の教授たちではなかった。後者は旧態依然としていた。友人たちとは、イタリアの人文主義者たち、新たな教育の理念に覚醒した聖職者たちだった。そしてドイツには、マインツのカルトゥジア会、テーゲルンゼーのベネディクト会のように、改革を熱望する修道院が存在した。

これらの気の置けない、しかし幾分か困り果てた友人たちのために、クザーヌスは彼の秀逸な書物を執筆した。それは、以前に書かれた彼の著作に関する註解ではなかった。彼は、またしても冒頭から、一目瞭然で、手に取るように分かり、直接的で学者ぶらない彼なりの流儀で、書き始めた。彼は、遠隔地への旅行の際に、ニュルンベルクとブリュッセルで、いくつかの絵を目にした。それらには、射手もしくはキリストが描かれており、それらの人物像の眼差しが見物人と共に動くというものだった。コブレンツではヴェロニカが、ブリクセン司教の城では天使が、そのように描かれていた。この絵画は、視線が動き、それを見る各々の人が、あたかも自分だけが見つめられているかのように思わせるものだった。クザーヌスは、こうした絵を製作させ、それをテーゲルンゼーの友人たちに贈った。そして彼は、これにつぎのような序論を添えた。あなた方には、書物ではなく、感覚的な経験から出発してもらいたい。まず、この万物を見る目が描かれた絵を、壁に掛けてもらいたい。そこには幾人かがいなければならない。そうするだけで、あなた方は、全員がこの目によってそれぞれ自分が見つめられていることを見る、ということを経験できるのである。さらに、あなた方はつぎのことに気づくに違いない。静止している者にとって、この万物を見る目は静止している。だが、それは、移動する者と一緒に移動もする。ひとりの修道士が静止しており、他の修道士が移動していると、その目は、静止している修道士と一緒に静止し、同時に、移動している修道士と一緒に動く。一人の観察者が左から右に動き、別の観察者が反対の方向に動くと、各々は、その目が各人を見つめていることを見る。この目は、相対する方向に、同時に動くのである。そのため各々の観察者は、それぞれ自分だけが見つめられている、と考える。彼は、他の人も彼とまったく同じように見つめられているとは、想像もできない。彼は驚く。そして驚きと共に思考が進み始める。

この絵は、神性がどのように考えられるべきかを、手引きする。神性とは見ることである。それは万物を見ることである。絶対的に見ることである。この「絶対的」という語は、ここでは厳密に受け取られるべきである。それが意味しているのは、諸対立から「解き放たれていること」、自由であることであり、それはこの諸対立において経験されるのである。神とは、「解き放たれて見ること」である。われわれは、すでにこのことを、絶対的な概念、「解き放たれた概念」として神を把握する、クザーヌス的な無学者の口から聞いて知っている。テーゲルンゼーの友人たちのために書かれたこの分かりやすい書物は、結局この理論だけを説明する。すなわち、神は諸概念の概念である。諸対立はそのままである。解き放たれて見ることは、対立する諸運動の中にも入って行くが、それらの上で揺れ動くのでもなく、かといって、それらに従属するのでもない。対立は見ることの中にある。これが反対対立の合致である。しかし、わわれわれがもっと正確に熟考すると、われわれは、もっとうまく言わざるをえない。この見ることは、諸対立を超えている。否、それは諸対立と何の関係もないかのようである。それは、諸対立の中にいるが、それらに屈することなく、そこにいる。それは、静止であり、運動であり、同時に両者である。その見ることは、それに付随する何かではなく、そうではなく、その見ることがその存在することであり、われわれへの配慮である。その存在することが、その配慮なのである。絶対的に（解き放たれて）見ることとは、われわれを見つめ、われわれに配慮することとまったく異ならない。それは、いかなる制約もなしに、われわれに配慮する。もし神が隠れているとしたら、それは、われわれが神の眼差しに自らを開いていないからにすぎない。われわれは思考する本質として、常にすでに、神によって見つめられている。われわれは、諸概念を作り出すからである。そしてわれわれがこれらの概念を対比する場合ですら、われわれの思考は、まさしくこのゆえに、諸対立から引き離されているのである。思考する者は、自分自身だけで自己を把握し、自分自身で思考することによって自己を引き受けねばならず、そうしたとき、クザーヌスの神は思考する者のところにいるのである。それゆえ、絶対的な概念は、人間にこう語る。

あなたは、あなたのものとなれ、そうすれば、私もあなたのものとなるだろう。（『神を観ることについて』第七章二六）

クザーヌスがこのような助言を展開する著作は、『神を観ることについて』（De visione Dei）と名づけられており、これは、彼の平和論と同じ年、つまり一四五三年という破局の年に執筆された。ある種の並行する響きが聞こえる。各人は、神が自分だけを見つめていると考えるが、それは、各々のムスリム、各々のユダヤ人が、彼らの儀礼と信仰箇条が直接神に由来する、と考えているのと同じである。

この神を観ることに関する書物は、友人たちのために、敬虔な瞑想、神への語りかけとして、彫琢がほどこされている。それは、合致の経験を意図する。絵を北側の壁にしっかりと掛ける。そうすると、枢機卿の言葉によれば、つぎのことが生じる。

あなた方は、まず、どうしてこの絵が同時にすべての人と個々の人とを見つめるということがありうるのか、と驚かされるであろう。東側に立っている人は、その人物像の眼差しが他の方向、つまり南側や西側にも向けられていることを、決して把握しない。さらに、東側の壁に立っていた修友は、西に移動してみなさい。彼は、その眼差しが東にいたときとまったく同じように、西側でも自分から離れることのないことを経験するだろう。また彼は、その人物像が固定され、動かないことを知っているので、動くことができない眼差しが動くことに、驚かされるであろう。

さらに彼は、たとえ自分の眼差しをその人物像に固定し、西から東に移動したとしても、その人物像の眼差しが絶えず彼と共に移動することを、経験するだろう。また、彼が東から西へ引き返したとしても、この眼差しは彼を見放すことがないことを、同様に経験するだろう。こうして彼は、この像の眼差しが動くことなしに動くということに驚かされるであろう。さらに想像力は、その眼差しが自分とは反対側から同時に自分の方に移動して来る他の人とも一緒に動いている、という事実を理解できないであろう。（同上序文三・六―一八、『全集』第六巻五頁以下）

これは、それ以前の著作のように、パラドクスを排除するのではなく、それを呼び寄せる一つの神学である。実際、ひとつのパラドクスが別のパラドクスを追い求める。

主よ、あなたが私を慈愛の眼差しで見つめて下さるとき、あなたの観ることは、私によってあなたが観られること以外の何でしょうか。あなたは私を観ながら、隠れたる神〔イザヤ四五・一五〕であるあなたが私によって観られることを、私に許して下さっているのです。あなたが観られることを、あなたが許して下さらない限り、誰もあなたを観ることができません。あなたを観ることは、あなたを観ている者をあなたが観て下さることに他ならないのです。(同上第五章一三)

『神を観ることについて』という書物は、驚嘆すべき書物である。それは、すでに枢機卿の在世中に、彼の他の書物よりも高く評価された。本書は、温和な口調で語られる。分かりやすく書き始められ、ゆっくりと思弁的な思想へと移ってゆく。『知ある無知』に関しては考え込んでしまったひとも、ほっと一息をつく。ここには、もはや込み入った数学的な象徴もない。トルコの問題は、遥かかなたのトルコにおける出来事であった。著者は、それで十分だったことを、簡潔にほのめかした。本書は、静謐な書物であり、観想者たちのために執筆され、この世の喧騒から遠く隔たっていた。しかし、彼らの質問への解決だったのだろうか。ひとは、かくも敬虔で芸術的と言ってもよく、かくも単純で人間的な温かみをもった始まりをもつこの書物に、深く沈潜すればするほど——人間的な仕方で、神的なものへと導こうと思う、と著者は述べたが——深く入り込めば入り込むほどに、困惑させられたのである。

一つの例を取り上げることにしよう。クザーヌスは、彼の神を、旧約聖書の言い回しを用いて「隠れたる神」と呼んだ。しかし、神は実際に隠れているのか。確かに、神が私を見つめていることに、私が気づきさえすればよいということは、私しだいだからである。神は、私がそのことに気づいていないときでも、私を見つめている。彼の眼差しは、常に私と共に移動する。そして、彼の眼差しは、彼自身であり、彼の存在である。彼は、私が彼を観ようとしないかぎり、隠れているだけである。神が隠れていることとは、私が何もしないということであって、彼自身が何もしないということではない。彼自身は、自己開示であり、彼は、観ること、観られることであり、両者が一つである。これが合致の思想だが、テーゲルンゼーの友人たちが、さらに解説を必要とすると表明したのは、もっともである。彼らに欠けていたのは、枢機卿が彼らに示そうとすることを観るための「眼鏡」である。

アルプス山中の湖畔の友人たちは、長いあいだ待たねばならなかった。彼らは、たびたびニコラウスに助けを願い、彼の約束を思い起こさせた。けれども、彼にはそれを果たすことができなかった。ブリクセンの領主司教としての職務で心身をすり減らしていたのである。彼はあらゆることに関わらねばならなかった。例えば、彼は、墓穴の深さは最低でも七フィートなければならず、そのために聖具室係であれば誰でも、それを検査するために物差しを用意しておかなければならない、といった命令を公布した。彼は、教会と礼拝堂を聖別し、免償を販売し、反抗する修道院を訪問した。じっくりと考える暇などは、なかったのである。

私は、あなた方が要求する著作を、何とかしようと努めた。けれども、私には、考えを集中させることも、先に進めることもできない。

ティロール公との抗争そしてクザーヌスが厳格に改革を進めようとした彼自身の臣下との抗争も、しだいに激しくなっていった。加えて、彼も歳を感じはじめていた。彼は視力の不調を訴えた。歳月は過ぎ去っていった。一四五六年から、ティロール公との抗争は激化していった。一四五七年、彼は、生命の危険にさらされていると思い、彼の司教座の町から逃げ出さねばならなかった。彼は、司教区の片隅にある僻遠の地に退却した。そして、その場所、つまり彼の所領の南東の端にあるブーフェンシュタインの城に留まることを余儀なくされた。この城で彼は、修道士たちの望みどおりの入門書を執筆した。それは、一四五八年の夏に完成された。

彼は、それを『眼鏡』あるいは『緑柱石』（De beryllo）と名づけた。当時すでに、準宝石の緑柱石を用いて眼鏡のレンズが造られていた。彼の友人たちは、このようなルーペもしくは「眼鏡」の助けを借りて、普通では見えないものを、見ることになったのである。今回も、重要なことは見ることであって、推測することや信じることではない。

この小さな書物は、慌ただしく書き上げられた痕跡を示している。けれども、今日にいたるまで、ニコラウス・クザーヌスの思想への最良の入門書である。クザーヌスに取り組もうとする者は、誰でも、『知ある無知』ではなく、本書から始めるべきだろう。

眼鏡に関する本書は、友人たちに合致の教説を説明しようとするものだった。事実そうである。それは、あらゆる自然の事物がどのように反対対立の合致であるかを示す。それは、ひとつの新しい自然学のプログラムを描き出す。合致は、決して神の特性ではない。ひとは、依然としてそう読むが、間違いである。合致は万物の中にある。そしてこのことをわれわれに示してくれるのが眼鏡である。それにはあまりにも短すぎるとはいえ、クザーヌスは、あらためて最初から始め、彼らに世界の過程をつぎのように説明した。世界を創設する精神は、われわれが彼を観るために、世界を創った。彼は自らを開示することを欲している。そして自らを開示することが彼の本質である。このことが世界の構造を決定する。それゆえ、われわれは、われわれの認識能力の仕方で、世界がどのようにあらねばならないかを決定することができる。というのも、世界は、われわれが、その中に世界を創設する精神をわれわれの手段を用いて観るように、整えられているからである。これは根本的な結論をもつ。

人間は万物の尺度である、というプロタゴラスの命題に注目してもらいたい。というのも、人間は、彼の感覚によって感覚的な事物の尺度を定め、彼の理性によって理性的な内容の尺度を定め、さらに理性を超えるものに、超えることにおいて触れるからである。（…）というのも、彼は、魂の認識能力が、認識可能な事物の目標であることを知っているからである。それゆえ、彼は、彼の感覚的な認識能力についての認識から、感覚的な事物は、それらが知覚されうるように存在しなければならないことを、知っているのである。このことは、理性的な内容にも妥当する。それらは、理性によって洞察されうるように、存在しなければならないのである。（『緑柱石』第六章一―六、『全集』第一一・一巻八頁）

つまり、クザーヌスは、人間が万物の尺度であるという、ソフィスト・プロタゴラスの命題を、擁護するのである。プラトン以来、ヨーロッパの哲学は、このテーゼに対して憤激をぶちまけてきた。これでは、あらゆる学問が終わる、ソフィストは懐疑をはびこらせる、と。アリストテレスとトマス・アクィナスは、まさしくこのように批判的に判定を下した。クザーヌスはまったく異なっていた。われわれが、われわれの認識能力によって世界を創設する精神を把握することが、世界創設の意図であるとするならば、世界は、われわれの認識の器官――感覚と理性――が、その尺度を提供するように、創られていなければならない。それゆえ、われわれが、われわれの認識能力、つまり感覚、悟性、理性を研究するならば、その結果、われわれは、世界がどのように構築されていなければならないかを、知るのである。

それによって、人間は、新しい、高められた位置を獲得する。彼の認識は、本来的に受動的なのではない。彼は、諸概念を創り出し、技術的、芸術的な所産の世界を創り出す。人間は、創造的な能力をもち、実際に創造するのである。

　ヘルメス・トリスメギストスが、人間は第二の神である、と述べていることに注目してもらいたい。神が、実在的な諸事物と自然の諸形態の創造者であるのと同様に、人間は、理解される事物と技術によって作り上げられた諸事物の創り手である。（…）それゆえ、人間は理性をもち、この理性は、創り出すことにおいて神的な理性の類似である。したがって、彼は創り出す、すなわち、神的な理性の類似の類似を創り出すのである。（同上第七章一―七、『全集』第一一・一巻九頁）

ヘルメス・トリスメギストトス（三重に偉大な者の意）は、知的な者たちに関する一種のミュートス（神話）だった。彼は、原知者と言われており、はるか昔、世界が創造されたばかりのときに、原啓示を把握し、それを一方でモーセに、他方でプラトンに伝承したとされる。それによると人間は、第二の神でなければならない。というのも、神が自然を創造したように、人間は文化を創造するからである。彼は、独力で諸概念を構築する。彼は、職人そして芸術家として生産的である。

眼鏡に関する書は、哲学史において決定的な文書となった。ジョルダーノ・ブルーノは、本書を研究し（Giordano Bruno, De la causa, principio e uno, dial.5.）そして彼をとおして合致の新たな思想がハーマンとヘルダー（Hamann, Brief an Herder [18. November 1782].）、そしてシェリングとヘーゲルに到達したのである。

なぜ、本書はかくも影響が大きかったのか。それは、反対対立の合致を説明した。つまり、合致を世界認識のための普遍的な手順として把握し、ひとつの新しい自然学のプログラムを生み出した。人間の尊厳の偉大さを並外れた仕方で語った。そして、初めて文化の哲学をデザインしたのである。アルプス地方の修道士たちの反応について、われわれは何も聞いていない。明らかに連絡は途切れた。あの友人たちは以前よりも賢明になった、と私は推測する。クザーヌスは、彼らに過大な要求をしたのである。頻繁に非難されたプロタゴラスの命題を彼が擁護したのは、この命題が、恣意を意味するのではなく、諸事物がわれわれの認識に合致するような仕方で存在するにちがいない、という理由からである。彼は、すべての伝統に対して遠慮会釈もなく、距離を置いた。アルベルトゥス・マグヌス、そしてトマス・アクィナスのような他の註釈者に関する彼の判断は、にべもなかった。

彼らはみな、そしてこれまで私が研究したきたどの著者も、ことごとく眼鏡をもっていなかったのである。（同上第二二章三二、『全集』第一一・一巻三五頁）

これは、聞くに堪えない事柄だった。スコラ学の偉大な思想家たちに対立していたからである。人間自身が神の尺度でなければならないということは、修道士たちにとっても受け入れがたいことだった。たとえクザーヌスが、人間は、ある見知らぬ王の肖像画が尺度であるように、神の尺度である、と和らげたとしても、事態は変わらなかった。これは耳慣れない表現の仕方だった。クザーヌスは大変な努力をした。彼は、その前に執筆された彼の思想のための入門への入門を執筆したのである。彼は、彼の数学──神学的な遊戯を捨て去った、というよりは、極端に簡略化したのである。彼は理解されることを望んだ。彼は、具体的な例を持ち出し、彼らにつぎのように述べた。

一本の麦わらを取り、それを真ん中で折り曲げてみなさい。もしくは一本の線分を引いてみなさい。その両端をa、b、真ん中をcと呼ぶことにしよう。それから、麦わらの右半分を移動させる。もしくは線分abをcを中心点にして上に移動させる。図示すると以下のようになる。

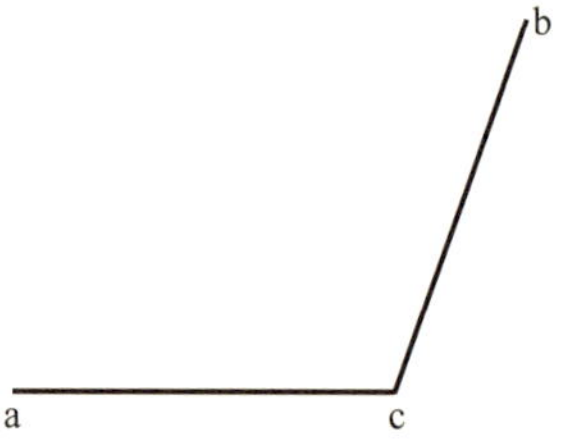

cを中心にして麦わらの右半分を動かすと、どんな角でも作ることができる。多数の角が成り立つが、すべての角は、線分abが存在していることを前提とする。この線分は、あらゆる可能な角の根拠である。これらの角の中には、もはやそれ以上に鋭い角はありえないというほど、鋭い角はない。角を最大限に鋭くすると、線分cbは底線acと合致する。最大の鈍角を作ろうとする場合も、同様のことが起きる。その場合にも、線分cbは再びacと合致する。つま

り、一本の直線となるのである。
この例示は、あらゆる可能な角を同時にその最大と最小をとおして考えることを、修道士たちに教えようとするものである。ついで、思考する眼差しは、底線に戻る。底線は、鋭角でも鈍角でもない。それは、この反対対立から解き放たれているのである。これによって、あなた方は、さまざまな反対対立に左右されない根拠を考えること、学ぶことができる。あなた方は、絶対的な（解き放たれた）概念のイメージをもつのである。こうして、クザーヌスは、彼の考察を、以下のようにまとめる。

われわれは、どの角にも否定的に最大のものを見る。われわれが提示するいかなる角も最大ではない。しかし、われわれは、最大のものが同時に最小のものであることを知る。最大のものは、描くことのできるあらゆる角の全体と完全性であり、それは同時に、それらの内的な中心点であり、それらを合致させる周囲である。しかし、同時に最大かつ最小である角の本質についての概念を、われわれは形成することはできない。（同上一五・五―一四、『全集』第一一・一巻一八頁）

それゆえ、われわれは、最大のものを見、知る。われわれは、それが同時に最小のものであることを知る。われわれは、すべてのものの根拠が最大のものであり、同時に中心点であることを知る。けれども、われわれはそれを否定的に見る。つまり、角の考察においては、いかなる角も最大に鋭角であることも、最大に鈍角であることもない。われわれは、どの角についても、明晰な概念を形成できるが、「最大のもの＝最小のもの」の本質については概念を形成できない。

　それゆえ、これがクザーヌスの合致の教説の総括だった。しかし、神についてこのように語ることはできるのか。修道士たちは、その場合に、何を考えただろうか。彼らは、異なる語り方に慣れていた。クザーヌスの言葉づかい、いや彼の世界は、修道士たちのそれと異なるものだった。本書を執筆してから数週間後、彼は突然、ローマに移る。新教皇で彼の友人エネア・シルヴィオが、彼を呼び寄せたのである。人生と著作活動の最後の時期が始まった。枢機卿にはまだ六年の時間が残されている。彼はそれを活用した。

11　認識の確信と教会の堕落――『可能現実存在』『相等性について』『非他なるもの』『知恵の狩猟』『テオリアの最高段階について』

ニコラウス・クザーヌスの伝記のためには、以下に引用する文書ほどに衝撃的なものはない。クザーヌスは大声で叫んだ、と信頼に値する証言が報告する。

「もし閣下が真理に耳を傾けることがおできになるのでしたら、ここ教皇庁で起きる事柄は、何一つ私に好ましいものはありません。すべてが腐敗しています。誰一人として自分の職務を十分に果たしてはいません。閣下も、枢機卿たちも教会のために心を砕いてはいません。教会法の規定は何の価値があるのですか。どこで法が尊重されているのですか。典礼における細心の気配りはどこにあるのですか。誰もが、出世と物欲を満たすことしか目論んでいません。私が枢機卿会議で改革を口にすれば、物笑いの種となるでしょう。私はここでは必要とされていないのです。私が去ることを許可して下さい。私はここでの生活に耐えることができません。歳をとり、休息が必要なのです。公共のために生きることができないのであれば、私は自分のために生きたいのです。」こう言って、彼はわっと泣き出したのである。

この突然の出来事を報告する人物が、ここで呼びかけられている当の人物、つまり教皇ピウス二世、その人だった。クザーヌスは、ローマ司教区における彼の代理だったのだから、教皇に次ぐ人物ということになる。ローマ教会を内部から改善することができるのは、彼をおいて他にいなかった。この事件は、彼の晩年に起きたことである。教皇は、この教皇庁への鋭い批判をありのまま描写するだけ、真実を愛してはいた。彼は自分の友人の気持ちを変えさせることができ、ニコラウスは思いとどまった。しかし、教会改革への彼の希望は失せた。枢機卿団の中で改革について語る者は、笑い者にされた。教皇と彼の代理人、両者ともに、かつては公会議派だった。両者ともに党派を移った。それには多くの理由があった。だがそのうちの一つは、教皇庁のほうが公会議よりも教会をより改革することができる、という理由だった。そうこうするうちに、ビザンツとの教会合同はどのみち崩壊することになった。教皇政治の道徳的な大成功は失墜した。合同は苦境の産物だった。それは、ビザンツの人々の孤立無援によって引きおこされたのである。西方は、それを、よく言われるように「宗教対話」としてではなく、単純にローマへの服従として理解した。外交的にも財政的にも教皇権はこの時代、以前の世紀全体よりも良好だったが、道徳的・宗教的な名声は失せていた。ピウス二世は、教養のある魅力的な人物ではあった。けれども、彼の頭には以下の三つの事柄しかなかった。第一は対トルコ十字軍だった。彼は、キリスト教世界を外交的にも軍事的にも再度統一し、トルコ人に立ち向かうように導こうとした。彼は、スルタンとの平和的な合意を得ようと努力した。彼は、スルタンに一通の書簡を送った。スルタンは、少量の水――教皇は洗礼についてこう語っているのだが――など恐れるべきではない、そうしたら、教皇は、彼を、かつてのカール大帝のように世界の支配者として認めることになろう、と。勝ち誇ったスルタンは、この書簡に応じなかった。その時から、ピウス二世は戦争に固執した。彼は、十字軍の艦隊が集合することになっていたアンコナへの途上で歿した。

この大プロジェクトは破綻した。第二の大きな企てはうまくいった。ピウス二世は、彼の血族に地位を与えたのである。第三のプロジェクトも同じく成功した。それは今日もなお驚嘆の的となっている。ピウス二世は、彼が生まれたトスカナ地方の小都市を、完全に取り払い、そこにルネサンスの理想的な都市を建設したのである。彼はその都市を、ピウスの町、ピエンツァ（Pienza）と命名した。それは、今日もなお初期ルネサンスのエレガントな美を保っている。それは、この教皇が、人文主義者エネア・シルヴィオとしての文学的な作品以外に残した遺産ではあるが、クザーヌスは、教皇は教会のために心を砕いていない、と非難したのである。

教会に関して、クザーヌスは、もはや、いかなる希望も抱かなかった。彼は、あきらめ、実際的に喫緊の事柄に対処した。すなわち、トルコ十字軍の準備に携わり、彼もまた、その途上で歿したのである。いざ十字軍を企てなければならないとなると、彼は、五千人の十字軍騎士を召集しなければならなかった。それは無理なことだった。一四六四年八月一一日、彼は、ウンブリアの町トーディで歿した。彼の友人エネア・シルヴィオはアンコナで軍艦を待っていた。ピウス二世もクザーヌスが歿した三日後に亡くなった。十字軍は破綻した。もはや、この企図を実現することはできなかった。ジェノヴァ、ヴェネツィア、フィレンツェのような大商業都市は、自分たちの利益を追求した。そして新興の民族国家は、「現実的な政策」を推進した。トルコ人は、なお二世紀以上にわたり、ヨーロッパの戸口で脅威を与え続けた。

政治と教会における失敗を目の前にしても、探求者クザーヌスは、執筆の手を休めなかった。わずかな暇を割いては瞑想し、哲学的な古典を読み、彼の理論を改善した。彼の書く書物はしだいに短くなっていったが、最後まで仕事を続けた。教会政治におけるあきらめが、彼の認識の確信を弱めることはなかった。逆に強まったのである。真理が見いだされうること、それどころか容易に見いだされうること、ひとはほぼ間違いなくそれを手に入れることができること、一四五〇年以来、これらは彼にとって確かなことだった。この幸せな確信は、さらに強まった。彼は、そのために絶えず新たな論証を追求したのである。

とりわけ、彼は、実在の一性をますます先鋭に強調した。現実には、一なるものとその現われしか存在しない。彼は、つぎのようにも言うことができた。一なる実体しか存在しない、と。万物を包含する神的な一性は、思考する者としてのわれわれをも包含する。神的な一性の本質は、それが自らをわれわれに示そうと欲している、ということである。しかも、この一性は、このことを成し遂げることができるのである。世界は、この一性の可視的な形である。神性は、この世界の不可視の形に他ならない。彼は、『可能現実存在』（De possest）において、つぎのように記す。

> いったい、世界は、不可視の神の現われ以外の何であろう。そして神は、可視的な諸事物の不可視性以外の何であろう。（『可能現実存在』七二・六—一一、『全集』第一一・二巻八四頁以下）

神と世界――これらは、同じ現実の二つの側面である。この一つの現実はそれ自身の内で分節される。それは生きているのである。クザーヌスは、数学者として再三思索を進めたが、しかし、彼は数学をしだいに彼の哲学から切り離していった。そしてついに、『知ある無知』で展開したような数学的神学と断絶したとき、彼はつぎのように強調した。

神に関して主張される一性は、決して数学的ではない。そうではなく、真の生きた一性であり、それ自身のうちに万物を包含しているのである。さらに、神的な三一性も決して数学的ではなく、自己自身と関係する生の一性である。(同上五〇・四―六、『全集』第一一・二巻六二頁)

歳をとるに従って、クザーヌスは、実在の一性、その生命性、その内的な自己関係を、ますます先鋭に強調するようになった。教会の教えにおいて「三位一体論」と言われるものも、まさしく一性の生の遂行に他ならない、というのである。それは、いかなる数学的な一性とも異なる。幾何学は、それについていかなる概念も提供しない。しかし、だからといって、それは遠く離れ、把握不可能であるわけではない。一四四〇年に彼は、真理が常にわれわれの認識と異なっている、と記した。それは、円が四角形と異なるように、異なっていた。クザーヌスが「推測」と名づけたものは、いつまでも残存する他性における真理の認識だった。けれども、後期のクザーヌスは、他性について新たに思索を巡らした。もはや彼は、他性を抜きにして考えた、と言っても過言ではなかろう。われわれが他性に見るものすべてを、われわれは、見るもの自体にも見ることができるのである。

一四五九年、彼は、自分の一連の説教を集め、そしてそれに理解のための序文を付した。彼は、自分の『説教集』（Sermones）を一性の思想の簡略版として理解されることを望んだ。そのために彼は、他性のテーマを取り上げざるをえなかった。そこで、彼は、彼の『説教』に、それらの手がかりとして小論『相等性について』（De aequalitate）を付し、つぎのように説明した。

「他性」（alteritas）は、いかなる本質的な形（Wesensgestalt, forma）でもありえない。というのも、或るものを変化させること（alterare）は、形づくるというよりは、形を損なうことだからである。他なるもののうちに見られるものは、それゆえ、他性なしで、それ自身のうちに見られうる。つまり、他性はそれに存在を与えなかったのである。ところで、可視的なものをそれ自身のうちに見るところの「見ること」（visus）は、いかなる他性も除去された以上、それが可視的なもの以外の何ものでもないことを見る。それゆえ、「見ること」は、可視的なものに関わるのとまったく同様に、見ることにも関わる。両者の間には同一性が存在し、本質のいかなる他性もない。それゆえ、或るものは、いかなる他性もなしに、見られるのである。（『相等性について』三・一〇―一七、『全集』第一〇・一巻六頁以下）

樹木を見るわれわれの目は、樹木と異ならない。見ることは見られるものとなる。つまり、いかなる本質の相違も支配的ではないのである。変化している、とわれわれが見るものを、われわれは、変化しているということを抜きにして、その本質の形においても見る。われわれは、思考することによって他性を除去することができる。一性は、見ること―見られるもの、思考すること―思考されるものの関係においても、自らを押し通すのである。このことが、後期のクザーヌスにおいて、認識の確信が高められたことの根拠である。

クザーヌスは、彼の洞察を新たに定式化しようと、倦むことがない。一四六一／六二年の冬に、彼は、神とは何であるか、というかつての問いに、新たな仕方で答えた。彼は、自分の古い答えを放棄しなかった。神とは、何もそれに対立するものがないところのものである。神は、解き放たれて見ることである。神は、本質的な自己開示である。けれども、いまや、彼は、神とは「非他なるもの」(non aliud) である、という新たな名を見つけだした。二〇世紀には、神を「絶対的に他なるもの」(das Ganz Andere) と名づけた人が、意味深いと見なされた。クザーヌスからすれば、これは、思想的な未熟さと見なされる。なぜか。犬は猫と異なる何かである。感染性因子プリオンは、猫とはまったく異なる何かである。この世界に生じるものは、常に互いに異なっている。しかも、時がくれば直ちに、それ自身が異なってゆき、ときには消滅させられ、まったく異なってしまうこともある。神をこのように言い表すこと、そのようなことは、クザーヌスのもとで思考することを学んだ者にとっては、思考の貧困であり冒瀆的である。無限の一性の特性は、まさしく、それが他ではないということである。この一性は、万物のうちにそれ自身として存在し、それ自身と同一である。「非他なるもの」は、たやすく見いだすことができる。われわれは、犬が決して犬と異なる何かではないことをよく考えると、この「非他なるもの」を、この世界のいかなる事物にも見るのである。同一性への関与、つまり犬が犬であること、これが、この世界における「非他なるもの」の現存である。ひとはこのことに注意しさえすれば、それがいかにたやすく見いだされるかを知る。「非他なるもの」

を見誤ることは、困難である。

これらが、一四六一／六二年冬のローマにおける談話のテーマである。もしかすると、われわれは、枢機卿のおりおりの話し相手を垣間見ることになるかもしれない。そこには、すでに述べた彼の秘書であり協力者だった人物がいた。イタリアに印刷を導入するというクザーヌスの望みを満たしたのは、あのジョヴァンニ・アンドレア・デ・ブッシであり、それゆえ、彼はイタリアにおける最初の出版工房の発案者であり、出版の支配人だった。つぎに、人文主義の教養をもつペトルス・バルブス（一三九九―一四七九年）もおり、彼は枢機卿が古くから抱いていた別の望みを満たした。このペトルス・バルブスは、プロクロスの『プラトン神学』をギリシア語からラテン語に翻訳した。これは、クザーヌスがビザンツから携えてきた重要な原典だった。東方の教養と西方の教養の隙間が埋まり始めた。コンスタンティノープルは滅びたが、その書籍は、ローマとフィレンツェで生き延びることになったのである。クザーヌスの三人目の話し相手は、親しいポルトガルの聖堂参事会員フェルディナンドゥス（マルティンス）だった。対話において彼は、アリストテレスの哲学を代表する。けれども、世界史において、彼はまったく別の役割を演じた。というのも、すでに述べたように、彼は、クザーヌスの友人で侍医だったパオロ・ダル・ポッツオ・トスカネッリが数年後に書いた書簡の名宛人だったからである。われわれは、このトスカネッリについては、すでに大聖堂の建築家ブルネレスキとの談話において出合っていたが、その談話の中で教養あるフィレンツェ人は、インドへの西側の航路を試してみるように助言を与えていたのである。

談話におけるこの小さなグループを、再度、見渡してみよう。そこには、この時代の大きな諸問題が入り込んでいる。フィレンツェの学識は、数学、地理、文献学、ギリシアの哲学を喪失から保護すること、プラトンとアリストテレスの比較、書籍印刷の将来そしてアメリカの発見にあった。このローマの冬の日に、視野がこれ以上に広げられることはありえなかった。これが、クザーヌスのテクストが置かれている文脈である。この新しい世界のために、「神」と「三位一体」のような概念も新たに考え直されねばならなかった。今度は、神が「非他なるもの」と言われる。三位一体は、新たに定義し直されるべきだった。それは、いまや、つぎのことを意味することに他ならない。すなわち、「非他なるもの」は「非他なるもの」に他ならない（non aliud est non aliud quam non aliud）、と。この定義において、「非他なるもの」は、自己自身を定義する。それは、この定義において、それ自身として三回現われているのである。新しい発見に喜ぶ枢機卿は以下のように述べる。

「非他なるもの」は「非他なるもの」に他ならない。それはそれ自身であり、三回繰り返されている。それは、第一のものの定義である。事実、この第一のものは、三一的であり、確かに、それがそれ自身を定義するからという以外に、いかなる根拠もないのである。（『非他なるもの』五、『全集』第一三巻一二頁一八―二〇）

ここでは、伝統的な教え方によるさまざまな表現が、第一の一性の自己関係において鋳直されている。この自己関係をわれわれは、「非他なるもの」に関し、それが「非他なるもの」以外の他の何ものでもないと語ることによって、跡づけるのである。論理的な遊戯であるように思われること、ある意味ではそうでもあることが、人間の思考と世界の一なる根拠とのあいだにある他性の除去ということである。

このあらゆる実在の一性が「絶対的」であることとは、この語の厳密な意味において、クザーヌスがしばしば述べてきたことである。それは、諸対立から取り除かれているのである。だが、後期のクザーヌスは、この思想も先鋭化させた。少しばかり、この最終的な急進化を追うことにしよう。

神が、存在しうるものすべてであるとしたら、神は、われわれのあらゆる区別を超えている。

けれども、われわれがこの思想を厳密に捉えると、神は、存在と非存在の区別にも先立つ。さらに、われわれが常に神について、神は存在する、神は存在の岩盤である、としか言わないならば、その場合、真の神が話題とはなっていないことになる。たとえ、われわれが神について、「神は絶対的な存在である」と言ったとしても、われわれが神を絶対的、つまり存在と非存在の対立から解き放たれていると考えないならば、われわれは神を誤って考えているのである。われわれが、神は世界と異なっていると言うのなら、われわれは、実際の世界の根拠を考えてはいない。神学者たちは、好んでこのような主張に固執することもある。彼らは、自分たちの神を世界から区別したいのである。けれども、クザーヌスの絶対的なものは、差異と非差異の区別に先立っている。神は、あらゆる区別に先立ち、光と闇、相等性と非相等性の区別にも先立っている。『知恵の狩猟』(De venatione sapientiae)において、彼はつぎのように述べる。

(存在しうるものすべてであるものは、)「あらゆる差異に先立つ。それは、現実性と可能性との差異、生成可能性(posse fieri)と作成可能性(posse facere)との差異、光と闇との差異、それどころか、存在と非存在、さらに非差異と差異、相等性と非相等性との差異にも先立っている。(第一三章三五・一―一〇、『全集』第一二巻三五頁)

それゆえ、後期のクザーヌスは、再度、彼の主要なテーマである合致の理解を助けるための手段を提供する。多年にわたって彼は、この問いと格闘してきた。常に新たな表現によって、彼は誤解を防いできた。悟性と理性の区別をとおして、彼は、どのような矛盾もそれだけで深淵な意味であるという誤解を、阻止しようとした。悟性は、常に矛盾を避けねばならず、そうしなければ、それは無意味なことを語ることになってしまう。けれども、理性は、悟性が分離せざるをえないことを、一つにして考えるのである。

クザーヌスは、神をこの世界と別個に並べ、あるいはこの世界を超えて考えようとする者は、合致の思想を間違えていることを、繰り返し示した。合致は、神とはそれに対立するものが何もないところのものである、と言う。合致は、孤立し、隔離されたものとして提示される神の特権ではない。われわれ自身、理性的な存在者として、合致なのである。自分自身を合致として把捉した者は、あらゆる実在を、最小のものであると同時に最大のものをとおして考察することを、もはや拒否しないだろう。われわれが思考するとき、いつでもわれわれは、変化と静止の合致なのである。というのも、私がある主張をし始めるとき、私は、運動中でなければならないが、しかし、私は、私の思考の運動を常にまた統一的にまとめていなければならないからである。古代の哲学者たちは、この対立で身をすり減らした。存在の静止を支持する者もいれば、存在の運動を支持する者もいた。けれども、われわれは、思考する者として、常にすでに静止と運動の一性であり、古代の哲学者たちは、これを矛盾と見なし、それゆえに排除したのである。クザーヌスはこれについて、こう述べる。

理性的な認識が、理性の運動であり静止でもあることを洞察する者は、他の矛盾する主張も、容易に飛び越えるだろう。(『知ある無知の弁明』、『全集』第二巻一五頁・二〇—二二)

われわれは、合致を把握するために、われわれから出発しなければならない。われわれは、ここで、自分から出発してもよいのである。というのも、われわれは、対立から解き放たれた一性の似像だからである。合致が万物の中に存在するということ、つまり一方で、合致があらゆる現実的なものの中に存在することは、対立から解き放たれた一性を要求し、他方で、合致があらゆる思考されたことの中に存在することは、理性の独自性を要求する。たとえ，理性が悟性を基礎づけ、それでも悟性が諸対立を区別せざるをえないとしても、理性の独自性を要求するのである。クザーヌスは、彼の死の一年前でもなお、精力的に、合致が万物の中に存在することを、明確にした。一四六二／六三年の冬、彼は以下のように記す。

ここで私は、最も驚くべきであると見なされることを、君のために付け加えたい。君は、同時にその中に、自分が神と似ているという経験をするだろう。ディオニュシウスが神について主張したことは正しかった。彼は、神については対立が主張されると同時に否定もされなければならない、と主張したのだ。だが、君が他のすべてのものに集中するとき、君もまさしくこのことを見いだすだろう。それらが個別的な事物だと想定してみよう。すると、それらは、個別的な事物であるから、同程度に類似しているが、また個別的な事物であるから、類似もしていない。さらに、それらは、個別的な事物であるから、類似していないということもない。

そして、同じものと異なるもの、等しいものと等しくないものも同様の関係でもある。

（『知恵の狩猟』第二二章六七、『全集』第一二巻六五頁）

つまり、ディオニュシウスが神について主張したことを、君は、君の理性において見いだし、また君の理性はそれを万物に見いだすではないか、と言うのである。同様の規定から、例えば、「個別的な存在」（singulare）は、類似性であると同時に非類似性でもあることが帰結する。これまでの哲学は、悟性の原則に準拠してきた。それは、互いに矛盾する主張のそれぞれが真でなければならないとしたら、それらを別々の存在に分配しなければならない、と信じた。けれども、ここにおいて、理性そして神が問題となる場合、あらゆる実在の一性に関する場合、われわれは、差異と非差異という差異のかなたにいるのである。ドイツ観念論においてはじめて存在するような定式を主張することができた、ある哲学史家以上の者が存在しているのである。けれども、彼においては、つまり最後のクザーヌス、後期のクザーヌスにおいては、この定式は、文字通りに言うと、「非差異と差異の差異に先立つ」（ante differentiam indifferentiae et differentiae）となる。

これは、注目すべき発展経過である。クザーヌスが教会の現状を懐疑的に見れば見るほど、彼は人間の認識に関して確信的になったのである。死の数か月前、彼は、『テオリア（観想）の最高段階について』（De apice theoriae）で、この要点を以下のように押さえた。

以前、私は、暗闇においてのほうが真理はよりよく見いだされうる、と考えていた。けれども、真理は、より大なる権能をもっている。可能自体が、その中で輝き照らしている。君は、それをすでに私の『無学者の対話』で読んでいる。真理は、より大なる確実性で自らを開示する。到る所で、それは容易に見いだされるのである。（五・一四―一八）

これは、一四六四年四月の言葉である。クザーヌスは、過去を振り返る。しばらく前から、彼は自分の死期を数えていた。彼は、はじめから、常にすでに合致を探求してきた、と確信している。彼は、相互に矛盾する多くの声から一つの真理を聴き分けようとした。彼が望んだのは、平和であって、戦いではなかった。彼の不幸は、彼が平和を望んだその所で、闘争の種をまいてしまうことすらもしばしばあった、ということである。けれども、思想家としての彼は、常に、対立しあう諸見解を、「協和」(concordia) に導くために、学び知ろうと努めた。だが、彼の思考の作業にはある変革が存在した。第一に、彼は一なる存在を、より広遠に考察した。人間の思考は、彼にとって多角形から成り立っているが、真理は、到達しえない円であった。だが、それだからこそ、彼には新たな洞察が生じた。暗闇は、彼の背後に横たわっていた。いまや、彼は、真理が明白で容易であることを、把捉した。彼自身は、この変化を自分のローマ滞在と結びつけた。その地で、広場で、その場所で真理が叫んでいた。われわれは、真理の確実性において生きている。真理それ自身は、それが到る所で容易に見いだされうることを、われわれに開示しているのである。

12　トーディにおける最後

一四六四年七月の初頭に、クザーヌスはローマを発った。この夏の猛暑は、旅行には酷だった。彼は、もはや先に進まなかった。ウンブリアの町トーディ、かつて聖フランシスコがオオカミと語った町――で、この十字軍の組織者は、発熱のために床についた。平和の思想家クザーヌスは、十字軍の準備のさなかに歿した。たとえどんな劇作家でも、このような終幕を創作することなどはできないだろう。八月六日、彼は遺言を書いた。八月一一日、彼は歿し、同一四日にピウス二世も歿した。十字軍が実現することはなかった。

とはいえ、われわれとしては、トーディの臨終の床に立ち会った数人の友人たちにも目を向けることにしよう。そこには、彼の侍医、学友であり、著名な数学者だったパオロ・トスカネッリがいた。それから彼の秘書ジョヴァンニ・アンドレア・デ・ブッシもいた。この人物がローマに印刷という「聖なる技術」をもたらしたのである。この小さなグループには、ポルトガルの医師フェルディナンドゥスもいた。上述のように、彼は、トスカネッリとコロンブスとを結びつけたからである。われわれは、再度、クザーヌスが生きたさまざまな世界を、概観することにしよう。クザーヌスを対トルコ戦争に巻き込んだ、巨大な教会政治。ラテン語の古典、だがとりわけギリシア語の古典への彼の関心と結びついたフィレンツェの人文主義。数学、新しい建築術、新たに発明された印刷術。当初は思考の中だったが、その後現実になる新世界への伸展である。

クザーヌスは、彼の遺言の中で、もし自分がフィレンツェの南で死ぬのなら、ローマに埋葬してもらいたい、と定めた。トーディは、フィレンツェの南に位置しており、それゆえ、彼はローマに埋葬された。しかし、彼の心臓について、彼は、クースに埋葬するように指示した。そこには、三三名の老人のために彼が建てさせた養老院があった。この地で彼は安らぎを得たいと望んだのである。そこには、彼の蔵書のために建てさせた部屋もあった。彼が、クースそして彼の設立した養老院を見ることはなかった。彼の心臓は、そこに安息を得ることになったが、しかし、彼が考えたとおりではなかった。

13　クザーヌスの世紀

クザーヌスの生涯だけでなく、その思想も空間と時間の中で遂行された。それゆえに、私は、このことも考慮しつつ、クースからトーディまで、一四〇一年から一四六四年まで、彼の足跡を辿ってきた。われわれは、歴史的な分岐点で幾度も彼に出会った。若い頃に文化的な大転換期のイタリアに滞在したこと、公会議主義とその挫折、パリ型の大学とその学問への不満、一三世紀以来、一四世紀に到るまで押さえつけられた偉大な思想家たち、つまりプラトン、プロクロス、ディオニュシウス、エリウゲナに、そしてシャルトルのティエリ、ルルス、マイスター・エックハルトに新たに飛びついたこと。それから、公会議派から教皇派への移行、二人の教皇との交友、コンスタンティノープルの陥落、ブリクセンにおける紛争、教皇庁批判。これらは、歴史的に顕著な点であり、時と場所を特定することができた。これまで私は、それらを、クザーヌスの生涯と思想の展開という観点から記述してきたが、個々の事柄に立ち止まることは避けて、ここでもう一度、彼の世紀を全体として見ることにしよう。いずれにせよ、彼は、一五世紀のほぼ三分の二にあたる、この世紀の焦点となる時期に生きたのである。この時代は、彼の出発点であり、彼に対峙するものでもあった。以下で、少しばかりそれを見ることにしよう。

私は、彼の「世紀」ということを言った。われわれは、習慣的に、より古い時代を世紀に従って区分してしまうものである。けれども、いかなる世紀も、一体をなすものとして描かれることを受け入れない。世紀や戦争とは、それ自体でそうしたものである。それらは、終わりにおいては、始まりと異なった外観を呈する。クザーヌスの世紀を例にとってみよう。著名なドイツの歴史家ヘルマン・ハインペルは、自分がこの世紀全体を表わす一つの定式をもっている、と信じた。彼は、この世紀を「停滞」(auf der Stelle treten) と特徴づけた。けれども、私はこの評価に納得できない。少なくとも、トルコ人は停滞していなかった。コロンブスも少しだけだが活動してはいなかったか。この例は、偉大な歴史家ですらも、ある世紀をわずか数語で一まとめに特徴づけることができると考えると失敗する、ということを示している。百年というのは、長い時間である。一四〇〇年と一五〇〇年の間には、分野的、地域的な停滞はあったが、急速な変化の時機と場面もあった。人口統計学上の曲線は、この世紀の初頭には繰り返し襲ってくるペスト流行という危機によってまだ下降していたが、世紀の中頃から上昇していった。農業の危機は止まったが、他方で、農業経営における資本の投資は、ほとんど採算が合わなかった。穀物価格は労働賃金に比べて低かったが、イタリアの諸都市、オランダとハンザは繁栄した。クザーヌスの父親は、そこから利益を得たのだ。明礬の発見が、教皇領、加えてその財政状態までも改善した。貨幣経済が強まってきた。一四五九年に生まれた金持ヤーコブ・フッガー（一五二五年歿）もまた、ぐずぐずしてはいなかった。彼は、銅の独占権を拡充し、教皇と皇帝に融資した。彼は、ますます富み、すでに一五〇五年には、東インドの香料貿易に参入したのである。

「世界」一四〇〇年と一五〇〇年

この世紀が幕を開けたとき、「世界」は地中海を取り囲む大陸から成っていた。それが幕を閉じたとき、黄金と梅毒がアメリカから到来した。この世紀が始まったとき、確かにトルコ人の脅威は、すでに切迫していた。それが終わったとき、彼らはコンスタンティノープルとバルカン半島の諸地域を手中にしていた――その結果は今日まで及んでいる。一五〇〇年頃には、フランスの領土的な形成は、ほぼ終了した。フランスは、アンジュー、メーヌ、プロヴァンスを併合し、シャルル勇胆公（一四三三―七七年）の死後、ブルゴーニュも手中にした。スペインは、カスティーリャとアラゴンの統合によって丸くおさまった。イングランドも、フランスのブルターニュを失ったけれど、百年戦争（一三三七—一四五三年）の終結後はまとまった島国として安定した。これらの国家形成は、地域的な諸権力を撃退した。通例では、それらは、聖職者の財政的、法的な自律性を取り上げ、教皇庁の民族国家への影響を低下させるのが御決まりだった。

教皇権の役割は、この世紀の経過の中で、同じくさまざまに変化した。世紀の初めには、複数の教皇が並立した。一三七八年以来およそ三〇年間にわたり、教皇権は、シスマ（教会分裂）に対してほとんど見込みのない戦いを続けた。公会議運動は、その首位性を脅かした。フス派の変革運動は、ドイツの中部まで浸透した。一四五〇年頃までに、これらの問題は解消した。教皇権は強化された。その国際政治への影響力は後退したが、しかしそのゆえに、教皇領を安定させることができた。一三八〇年には、教皇はまだ世俗の諸侯を退位させることができると信じていたが、一五〇〇年頃には、それは不可能となった。確かに、教皇パウルス五世は、一五七〇年に、イングランドのエリザベス一世が退位させられたと宣言したが、このことは女王にとって痛くもかゆくもなかった。教皇権は、一四六〇年頃までに公会議運動を吸収することができた。また、一四三九年には——クザーヌスの協力の下で——ほぼ四百年のあいだローマと分裂していた東方教会との合同を達成した。一四三八年、フランスと教会政治的な妥協を行ない（ブールジュ国本勅令 Pragmatique Sanction de Bourges）、一四四八年には、帝国とコンコルダート（政教協定）を締結した。クースのニコラウスは、これらの一連の条約に教皇特使として貢献したが、むろん、これらによって、教皇たちは、一連の特権を世俗の支配者たちに譲渡しなければならなかった。芸術と文化の領域で教皇権は、予期せぬ飛躍的な成功をおさめた。それは、人文主義運動に開かれ、またフィレンツェの新たな輝きをローマにもたらすことができた。ローマは、ルネサンス都市になりはじめた。著名な人文主義者たちが、教皇の玉座に登位した。ニコラウス五世（在位一四四七—五五年）は、ヴァチカン図書館の実質的な創設者となった。またピウス二世は、公会議派の優雅で機知に富んだ著作家として出発した外交官だった。教皇権の道徳的な威信すらも、さしあたりは高まった。それは、ダンテの時代以来、荒廃していたのである。多くの教会改革が問題となるときが来た。けれども、一四五三年にトルコ人がビザンツを征服したとき、新たなページが開かれた。在任中の教皇は、病気がちで、その二年後に彼が歿したとき、求められたのは軍事的な指導者であって、聖人ではなかった。ボルジア家の人々が教会の中心に居座った。外交官、人文主義者だったピウス二世は、ラテン・キリスト教徒の地域的、民族的な利害の対立を克服することも、トルコの危険に対する統一的な防衛を組織することもできなかった。軍事的な脅威は、数百年間続くことになった。ローマは、しだいに、自らを教皇君主国の中心として理解するようになった。教会の公会議的な構想は排除された。それは、何世紀ものあいだ忘れ去られた。教皇パウルス二世（在位一四六四―七一年）は、ローマ・アカデミアを閉鎖させ、何人かの人文主義者を逮捕させた。彼の後継者シクストゥス四世（在位一四七一―八四年）は、パッツィの陰謀に巻き込まれた。この陰謀によって、一四七八年四月二六日、ロレンツォ・デ・メディチ（一四四八―九二年）とジュリアーノ・デ・メディチ（一四五三―七八年）は、フィレンツェの大聖堂で行なわれた荘厳ミサの際に、殺害されるはずであった。ジュリアーノは、祭壇の前で刺殺されたが、ロレンツォは、難を逃れたのである。

このシクストゥスの後継者が、インノケンティウス八世（在位一四八四―九二年）だった。彼は、自分の息子と娘を公的な場に登場させた最初の教皇だった。教皇庁は血縁関係の優遇と金融業にふけった。けれども、停滞するなどということもなかった。というのも、教皇は、一四八四年、ドイツに対して魔女狩りを厳かに認可したのである。当時それは、まったく異論がなく、神学者たちもそうだった。むしろイタリアでは、それはドイツの民族性がもつ特殊性と見なされていた。しかし、教皇は、公式に迫害者の側についた。一四八七年に魔女狩り師のハンドブック『魔女の鉄槌』（Malleus Maleficarum）が世に出たとき、冒頭に置かれていたのは、本書のドイツ人著者たちの意見を信仰の教説と認める教皇の回状だった。教皇は、魔女狩りが決して二人のドイツ人専門家ハインリッヒ・クレーマー（インスティトリス）とヤーコブ・シュプレンガーの私的な見解だけの問題ではない、ということを保証したのである。

教皇権は、この衰退から立ち直ることなどまだできなかったが、しかし、教皇君主国として絶えず新たな指導的な要求を発した。著作家たちを後援し、彼らは、教皇権に関して、民族国家が教皇の政治的な力を相対化したのがさほど昔ではないかのように、語り広めた。

イタリアは、一三世紀以来、経済的に最も強力な勢力であり、政治的、社会的、技術的な変革の実験室だったが、衰退に脅かされた。トルコによる征服は、東地中海貿易の価値を低下させた。ヴェネツィアは、数百年にもわたってビザンツの弱体化に関与してきたが、ここに到って、その崩壊に悩まされた。経済的な重心は、この世紀の経過の中で、西と北、スペイン、ポルトガル、オランダへと移動した。アメリカの発見によって、それまで中心的だった地中海の内港が意味を失った。ピサ、ジェノヴァ、ヴェネツィアの偉大な時代は終わった。フィレンツェすらも衰退した。同じ一四九二年に、ロレンツォ・デ・メディチ・イル・マニーフィコが歿した。

新たな民族国家——何よりもフランスとスペイン——は、イタリアにおける中心的な諸勢力を制圧した。一四九二年に、ムスリム支配下のアンダルスはスペインに降伏し、それから間もなく、一五〇四年には、ナポリ王国、イタリア南部全体とシチリアも、スペインの支配下に降った。それ以前に、フランスはすでに登場していた。一四九四年、シャルル八世は、イタリアに進軍し、ミラノとフィレンツェを征服した。将来は、もはや都市や小国家のものではなく、徹底的に合理化された少数の君主国のものとなる定めであった。つぎの世紀が始まるまさにそのとき、一五〇〇年に新たなタイプの支配者が生まれた。カール五世（一五五八年歿）である。彼は、カスティーリャとアラゴンを、オランダ、ナポリそしてスペイン化されたアメリカを支配したのである。

一五世紀の「首都」フィレンツェ

一五世紀には、中心とか中心点といったものがない。アウグスティヌスが、世界のあらゆる時代について語ったことが、この世紀にもあてはまる。それは、激しく波立つ海水であり、仕組みもなく飲むこともできない。しかし、この世紀について、教育的な動機をもった一枚の絵画を手に入れようと試みることはできる。かなり野性的な「垂らし技法」の場合でも、絵画であるなら中心を必要とする。私がこのために描こうとする一五世紀の画像の中心に立つのがフィレンツェ、厳密に言うと、サンタ・マリア・デル・フィオーレのドームである。そこからメディチ家の宮殿までは数百メートル、近くにはメディチ家の墳墓教会サン・ロレンツォが立っている。一五世紀に、巨大なドームの周囲五〇〇メートルの中に、一つの新しい世界が成立した。ギベルティは、まだこの世紀の初めの頃に、洗礼堂のためのブロンズの門扉を鋳造した（一四〇三年）。ドナテッロのダビデ像は、一四三〇年頃のものである。フィレンツェの人々がサン・ロレンツォの建築を開始し、マザッチオが彼のフレスコ画によってジョットの弟子たちすべてを凌駕したとき（一四二二年から）、ヴェネツィアは、まだ独特のゴシック様式によるカ・ドーロ（黄金の館）を建てていた。一四三四年、メディチ家が追放先からフィレンツェに戻った。コジモは、賢明にも共和体制の形を存続させ、彼が自ら政治的な役職に就くことはなかったが、しかし、政治的にも文化的にも新たな時代を開いたのである。ヨーロッパ中の金融業の細流がアルノ川に合流しただけではない。いまや、天才たちもここに集まった。ギベルティとブルネレスキ、フラ・アンジェリコとドナテッロ、パオロ・ウッチェロ、クザーヌスの友人ダル・ポッツオ・トスカネッリ、ピエロ・デッラ・フランチェスカとボッティチェリ。著作家、哲学者、詩人、医者そして数学者が、新しい文学的、学問的な文化を創造した。私としては、コルッチョ・サルターティ、レオナルド・ブルーニ、アンブロジオ・トラヴェルサーリ、フィッチーノ、ピコ・デッラ・ミランドラ、サヴォナローラそしてマキァヴェッリだけを挙げておこう。教皇エウゲニウス四世は、ローマで危機にさらされ、数年間フィレンツェに避難した。コジモは、フェラーラで開催されていた公会議を、フィレンツェに移転することに成功した。公会議がフィレンツェに移転したことは、象徴的な意味を持つ事件だった。その地で、東ローマ皇帝、コンスタンティノープル総主教、教皇そして偉大な芸術家たちが出合ったのである。それ以前の重要な公会議は、コンスタンツ（一四一四—一八年）、バーゼル（一四三一年から）にしても、皇帝たちの影響が及ぶ地域で開催された。いまや、教会の最も重要な出来事、西方教会と東方教会の合同が、フィレンツェの大聖堂で起きたのである。教会合同は、軍事的な状況に迫られたもので、間もなく解消されることになってはいたが、さしあたり、フィレンツェの輝きを高めた。アルノ川の町は、東方の学問と西方の学問の積み替え地となった。ここでは、早くからギリシアの古代への関心が起こり始めており、ここでさまざまな思想とテクストに関わる偉業が達成された。この地で、アンブロジオ・トラヴェルサーリ（一三八六—一四三九年）は、クザーヌスのためにギリシア語のテクストを翻訳し、マルシリオ・フィッチーノは、この仕事を続行した。彼は、はじめて西方に完全なプラトンをもたらし、はじめてプロティノスをもたらしたのである。西欧が一八〇〇年頃までにプラトン的な伝統に関して知っていたことは、フィレンツェに由来した。ここから、プロティノス、そしてヘルメス的な伝統を学んだのである。マキァヴェッリ（一四六九―一五二七年）は、歴史家そして政治哲学者としてさらに広範囲に及ぶ衝撃を与えた。

フィレンツェは、ピサおよびシエナとの競合に打ち勝った。パリが、百年戦争によって重要性を失ったことも利した。ジャンヌ・ダルクは、フランスのために軍事的な転機となる端緒をもたらした。彼女は、イングランド軍に捕らえられ、一四三一年ルーアンで処刑されたが、この世紀の中頃までにフランスの王たちは、イングランド軍を国土から駆逐することができた。この世紀の後半には、フランスは国家的な強化をはかる政策を進めた。それは――スペインとイングランド、そしてまもなく教皇領も――、文書による管理、貨幣経済に基づく租税徴収、法学者の統治、「近代的な」軍政策と軍事技術を備えた中央集権的な支配による君主国家へと発展した。けれども、パリの文化的な優越性は、久しく衰退していた。フィレンツェがそれに取って代わったのである。クザーヌスがハイデルベルク――そこに彼は腰を据えることはなかったが――で知ったパリの学問は、すでにその活力と多様性を喪失していた。スコラ学の時代は終わっていた。たとえ、ケルンとスペインではなお自説を主張することができたとしても。

ローマは、さしあたり文化的には競合相手とはならなかった。一四世紀を「ローマ不在の時代」と呼ぶ人もいる。教皇たちは、アヴィニヨンに居住していた。教皇たちが弱体化して戻ったときでもなお、ローマは内部抗争によって引き裂かれていた。一五世紀のローマが達成できたことは、せいぜいフィレンツェの思想と新しい建築様式を受け継ぐことぐらいだった。サン・ピエトロ大聖堂が丸天井になったときはじめて、フィレンツェは、再びローマの影に隠れたのである。

ドイツの枢機卿クースのニコラウスの生涯は、このような発展を反映する。彼は、ハイデルベルクで勉強を開始したが、それから法学を学ぶためにパドヴァに赴いた。その地で彼は、一流の法学者だけでなく、医師、自然学の研究者そして哲学者たちと知り合いになった。その地で彼は、人文主義的な刺激を受け、その時代の一流の知識人および教会人と交友を結んだ。もはや大学が彼の関心をそそることはなかった。彼は、公会議派から教皇派へと移った。後者は、四〇年このかた、政治的、文化的な優勢を獲得していたのである。彼は、教会合同の予備交渉に関与した。ブリクセン司教としては、彼は不幸な役割を演じたが、その後、ニコラウス五世、ピウス二世という親しい二人の教皇とともに、ローマをフィレンツェのように文化的な中心とする試みに貢献した。あらゆる学問と芸術がここを故郷とすることになる。ローマの古代だけでなく、ギリシアの古代もここで回復させられることになった。トゥキュディデス、アルキメデス、しかしまた、ギリシア教父、何よりもディオニュシウス・アレオパギタである。

宗教、歴史、自然への新たな眼差し

そうこうするうちに、「あらゆる神学者の中で最も偉大な」ディオニュシウスが「使徒言行録」の語るディオニュシウスと同一であることに対する疑問が、よりによってローマで表明されるようになった。ロレンツォ・ヴァッラ（一四〇七―五七年）は、ローマで生まれたが、若いときからフィレンツェの刺激に開かれていた。この天才的な文献学者は、古代の修辞学がもつ普遍的、したがって哲学的で神学的でもある意義、とりわけクィンティリアヌスを再発見しただけではない。彼は、その仕事によって、最高の頭脳の持ち主たち、それゆえ世界をも変革したのである。彼の著作だけでも、初期の人文主義者にとって古代の単なる復元だけではさほど重要ではなかったことを、証明するのに十分である。ヴァッラは、文献学を、第一に文章技法および文章の練習ではなく、武器として発展させた。彼にとって重要だったのは、単に古代の学問ではなく、私的な生活と公的な生活、宗教的な生活と学問的な生活の刷新だった。彼は、法学者を批判した。彼らが、もはや自分たちも理解しない古代の概念を使っていたからである。彼は、反論の余地のない文献学的な論拠によって、教皇の世俗的な支配が偽造文書、いわゆるコンスタンティヌスの寄進状に依拠していたことを、証明してみせた。ヴァッラは、古文書の学識をひけらかしたのではない。彼は、教皇制にショックを与えようとしたのである。「キリストが、何千という貧しい者たちの中にあって空腹の悲惨のままに死んだのに、教皇制は、軍隊、騎兵と歩兵をかかえ、それらは万人に労苦となっている」と彼が記すとおりである。ヴァッラが、教皇の世俗的な支配の破壊工作をしながらも、教皇の書記官になることができたことは、悪名高い「ルネサンス教皇制」における栄光のページである。ギリシアに関するこの卓越した精通者を雇うように、教皇に推挙したのが、ニコラウス・クザーヌスだった。ヴァッラは、引き続き彼の知識を活用した。『新約聖書註解』（Annotationes in Novum Testamentum）において、彼は、文献学に基づく聖書解釈を基礎づけた。一五〇六年にエラスムスが本書を印刷させたとき、彼は神学にその方法の修正を余儀なくさせた。彼は、それによって数百年を経た解釈を討論に付したのである。七つの秘跡すべてが、新約聖書に基づくものだったのか。最初のキリスト教徒の中に、すでに平信徒、司祭、司教そして枢機卿はいたのか。最初の千年間の教皇たちは、不可謬だったというのか。当時、彼らは、皇帝に対し、また他の司教たちに対して、加えてアレクサンドリアとコンスタンティノープル総大司教と比較して、いかなる権利を有していたのか。一五世紀後半においてもなお、トマス・アクィナスから何か学ぶべきことはあるのか。これらの問いは、個々人の倫理と彼らの敬虔にとって破壊的な力をもっていた。ただちに、それらがもつ政治的、社会的な重みが明らかとなった。それらは、反教会主義を強化した。それらは、教皇庁による財政的な搾取への批判を神学的に深めた。それらは、新しい種類のキリスト教的な敬虔が根を下ろす環境を創出した。それらは、文献学的な経験的知識と、アルプス以北の大学における抽象的な学問とのあいだにぱっくりと口を開けた墓穴をあらわにした。都市の商人や職人の合理性、そして最初は都市の、ついで新たな領邦国家の世俗の官吏および法律家たちの管理の経験は、新たな素材をわがものとし、それに基づいて、経験の地理的、技術的な地平を絶えず拡大していくよう指示した。それは、自力による発見と事実の確保の新しい方法を生み出した。何人かの先駆的な思想家は、一五世紀に、ある新しい知のタイプを発展させた。彼らは、もはや家具職人、彫刻師、外科医の知を軽蔑しなかった。彼らは、職人の専門的な知識を、古代の諸権威を註釈することよりも実りをもたらすと見なし、原典の集積を拡大し、より良質の翻訳と文献学的な用意周到さによって、伝統が彼らの革新に必要となるような、刷新された伝統像を創り出した。後期スコラ学の抽象的―定義的な知は、世俗的な経験からは隔たっていた。その知は、急進的なタイプの知の改革を拒絶した。それゆえ、人間の尊厳、芸術、技術、変化した学問の役割に関する新しい自己理解を表現するためには不毛だった。それは、個人的な敬虔と自覚的な倫理―政治的風紀の諸要求との関連づけを喪失していたのである。

イタリアには一五世紀に、天才的な人々が群がった。だが何と言っても、クースのニコラウス、ロレンツォ・ヴァッラそしてレオン・バティスタ・アルベルティだろう。彼らは、文化と現実との不均衡を取り除くために、最も実際的に活動した。彼らは――各々特徴的な違いはあるが――、学問的な仕事の新しい構想を展開した。彼らは、その知を社会的な経験、技術と手工業の革新に関連づけた。伝統主義者たちの机上の問題ではなく、経験豊富な俗人のもつ内容と思考方法に関心を向けたのである。一世代後には、フィッチーノとピコが登場した。彼らは、原典の集積の途方もない拡張をもたらした。彼らは、世界の見方と諸宗教の多様性を理論化した。彼らは、クザーヌスと同じように人間の尊厳を定式化した。また彼と同じように、倫理の優位とプラトン主義的な一性の形而上学のもとに諸宗教を定式化した。彼らは、アウグスティヌスの恩恵論を押さえ込んだ。また宗教的な意識に哲学的、歴史的な足場を与えた。彼らは、一種の「生命を与える神学」(theologia vivificans)を探求したのである。彼らは、「本性」と「ペルソナ」に関する、部分的には理解不可能で、部分的には明らかに矛盾する定式もそのままにしておかなかった。スコラ神学者たちは、それらを用いて、三位一体と受肉について議論したが、何らの成果も挙げていなかった。それは、彼らが、ニケア（三二五年）、コンスタンティノープル（三八一年）、エフェソス（四三一年）、カルケドン（四五一年）の公会議が用いたギリシア語の術語を、もはや理解しなかったからである。フィッチーノたちに続いて、まもなく、レオナルド・ダ・ヴィンチ（一四五二―一五一九年）とマキァヴェッリが、自然学および歴史分析に関するより厳密な構想を伴って登場した。これまで述べてきた人々は、新しい仕方で、世界を見ることを教えた。彼らが取り払った緊張は、前方へと駆り立てる諸力、特にこの世紀の後半の諸力と、時代遅れの教会および知の組織とのあいだにある緊張だった。

クザーヌスは、なぜ支配的な大学の学問が拒否されねばならないのかを示した。彼は、新しい哲学的神学、認識の形而上学そして宇宙論の輪郭を描いた。キリスト教的な事柄の新しい構想、そして同時に自然研究の新しい方法の見取り図を描いたのである。根本的に刷新するために、彼は、最も古い伝統を引っ張り出す。ピュタゴラス、プラトン―プロクロス、そしてラクタンティウスも引っ張り出す。ラクタンティウスが、異教徒にも啓示がなされることを認めたからである。クザーヌスにとって、プラトンとプロクロスは、優れた神学者だった。彼は、イエスとプロクロスが同じことを教えた、と主張した。それとともに、クザーヌスは、神学と哲学の構想を変革した。それと同時に、異教徒の学問と倫理のいかなる軽視も締め出し、聖書主義的な原理主義も教会的な権威主義も放逐したのである。彼は、キリスト教を自然宗教の卓越した形態と考えたが、その自然宗教とは、理性自体とその神的な起源との関係に根ざした宗教である。彼は、聖書の創世記とプラトンの『ティマイオス』を同一視する古い思想を現実化した。彼は、経験的な知を、あらゆる学校の論争を凌駕する新たな思弁に結びつけた。彼は、新たな個人の意識を、霊魂の不死についての古い定理によって補強した。彼は、人間の新たな自己意識に理論的な正当性を与えた。彼は、文化的、学問的な創造性を形而上学的─神学的に是認した。彼は、この創造性を新しい宗教的な諸欲求によって補った。それらの諸要求は、「新しい信心」(devotio moderna)を成功させたが、大学の神学と教皇庁政治を伴った教会組織においては、もはやいかなる支えも見いださなかった。つまり、彼は、回心に基づく個人的な敬虔と一なる神、知られざる神への、倫理的に構想された崇拝によって補ったのである。

ロレンツォ・ヴァッラは、新しい言語意識から、法学、聖書解釈そして文献学を刷新した。彼は、当時の諸学問だけでなく、古びた世界全体を批判したのである。フィレンツェの移住者の息子だったアルベルティは、絵画と建築の理論家として、著作家として、また芸術家として人間にふさわしい都市における新しいライフスタイルのスケッチを描いた。彼は、その著書

『家族論』（Della famiglia）において、活動的で広い視野をもつ市民階級像を描いた。彼は、彼の世界の社会的、技術的そして芸術的な形成のための人間の使命を描写した。しかし、アルベルティは、恵まれた人生、美的な人生を積極的に確立するように呼び覚ますテクストを記しただけではない。陰鬱な恐ろしい光景、恐怖と不条理の幻視に満ち溢れた章句も書き残した。おそらくヤーコブ・ブルクハルトに従ったのだろうが、「ルネサンス」に関してあまりにも調和的なイメージを抱いた人がいるなら、アルベルティの諷刺的なテクストから、それを修正することができよう。徳の無力さ、人間的な奮闘努力の滑稽さ、見せかけとごまかしの権力、人生というてんやわんやの仮面劇――これらもまたフィレンツェの初期ルネサンスのモチーフである。ヒエロニムス・ボス（一四五〇頃―一五一六年）も同じくこの時代の人だった。この世紀が終わりに近づくと、危機意識が増大した。サヴォナローラ（一四五二―九八年）は、単に宗教的な狂信者ではなかった。彼は、黙示的な恐怖を語ったが、それは、フィレンツェにおける解決のつかない社会的な抗争とヨーロッパの全体的な状況を覆う陰鬱な影から生じたのである。彼は、「プラトン・アカデミー」において見いだしたと信じられた、さまざまな総合が、どれほどもろかったかを示した。彼は、その時代の教養の頂点にいた人だった。彼はその諸矛盾を暴露したのである。彼は、ピコのような思想家に感銘を与えた。またボッティチェリ（一四四四

／四五―一五一〇年）の心を動かし、その作品の何点かを焼却することを決心させた。メディチ家の支配に代わって彼が建てようとしたキリスト教的な共和国は、長くは続かなかった。悔悛の説教師には教会の改革にまで手が届かなかった。この後、他の諸権力が世界を支配し、とりわけ新たな民族国家が細分化されたイタリアを制圧したのである。フランスがフィレンツェへ、スペインがナポリへ進軍し、カール五世の兵隊によってローマが荒廃に帰することにより、芸術と芸術家のための時局は、新たな問題を提起した。ある大きな崩壊が考慮されねばならなかった。すでに久しく準備され、サヴォナローラがそれを駆り立てた、敬虔と文化の分裂は――それはそうとしても、重要性をもつさまざまな文化的結果を伴ったが――ルターの世紀においても継続したが、両者を近づける新たな諸力が呼び出された。

一四九八年五月二三日、サヴォナローラは、絞首刑にされたのち、遺体はピアッツァ・デッラ・シニョーラで焼かれた。四週間後、新しい人物が共和国の書記官の職に就いた。没落を分析した人物、ニコロ・マキァヴェッリが自らの監視所に入ったのである。ニコロが歴史的な過去を分析したとおりに、また彼が教皇政治をイタリアの中枢権力の利害の確保として見抜くことを教えたとおりに、新しい世界が発言を求めたのである。レオナルドの解剖学的、物理的な研究は、思考の厳密さと具体的な正確さをもっていた。それらは、確かにクザーヌスが目論んだけれども、決して実現しなかったことである。自然と歴史、聖書と学校、共同体とその建物は、一五〇〇年における開放的な頭脳をもつ人々にとって、それ以前の一世紀とは、異なるものだった。北方では変革の準備が整えられつつあった。その神学的な動機は、一世紀にも及ぶ発展において世界情勢がその性格を変えていただけに、世界史的な諸結果をもちうるものだったのである。

年表

一四〇一　ドイツのモーゼル河畔の町クースで、船主ヨーハン・クリュフツとカタリーナの長男として生まれる。
一六　ハイデルベルク大学入学。
一七　イタリアのパドヴァ大学で法学を学ぶ。ジュリアーノ・チェザリーニ、パオロ・ダル・ポッツオ・トスカネッリなどと交友を結ぶ。
二三　パドヴァ大学から教会法の博士号を授与される。
二四　ローマに滞在。
二五　トリーア司教区アルトリッヒ教会の聖職禄を与えられる。ケルン大学に在籍。ケルンその他の地で写本を探索する。
二七　トリーア大司教オットー・フォン・ツィーゲンハインの秘書・法律顧問となる。
二八　ケルン大学の神学者ハイメリクス・デ・カンポと共に、パリ郊外のカルトゥジア会修道院でライムンドゥス・ルルスの写本を筆写。ルーヴァン大学から教会法学教授として招聘されるが、断る。
三〇　トリーア大司教の死去に伴う後任として、教皇マルティヌス五世（一四三一年歿）はラーバン・フォン・ヘルムシュタットを指名するが、これに対してトリーアの司教座聖堂参事会はウルリッヒ・フォン・マンデルシャイトを選出し、クザーヌスもその就任宣言の証人となる。

三二　クザーヌスは、マンデルシャイトの訴訟代理人として、バーゼル公会議に派遣される。この訴訟は失敗に終わる（三六年）。
三三　ボヘミアのフス派の問題を取り扱う委員会に入る。『聖餐の慣行について　ボヘミア人誤謬論駁小論』を執筆。
三四　前年から執筆していた『普遍的協和について』を完成。
三五　ルーヴァン大学からの再度の招聘も辞退。ミュンスターマイフェルトの司教座聖堂首席司祭となる。
三七　クザーヌスは友人ジュリアーノ・チェザリーニと共に、教会秩序を決定するのは全体会議であるとする多数派の公会議派から、教会秩序を決定するのは教皇を頂点とする位階制度であるとする少数派の教皇派に移る。八月、教皇エウゲニウス四世が東西教会の合同のために派遣した使節団の一員として、コンスタンティノープルに赴く。ビザンツ皇帝と総大司教はフェラーラで開催予定の公会議出席に同意。一一月末、コンスタンティノープルを出発し、帰途の船上で「知ある無知」の霊感を受ける。
三八　二月八日、ヴェネツィアに到着。教皇エウゲニウス四世により、公会議がフェラーラに移転。フランス国王シャルル七世『ブールジュ国本勅令』発布。
三九　東西教会の合同。以後、一〇年間にわたり、教皇特使としてドイツ各地を巡察、帝国議会等に出席。
四〇　二月一二日、クースで『知ある無知』を完成。
四三　前年から執筆していた『推測について』を完成。
四五　『隠れたる神についての対話』『神の探求について』『神の子であることについて』を執筆。
四六　教皇エウゲニウス四世が、クザーヌスを非公式に枢機卿として推挙。『光の父の賜物について』執筆。

四七　『創造についての対話』を執筆。
四八　一二月二〇日、教皇ニコラウス五世によって枢機卿に任命。
四九　一月三日、ローマのサン・ピエトロ・イン・ヴィンコリを名義教会として与えられる。一〇月二一日、クースで長年病気であった父、そして弟ヨハンネス、妹クララに別れを告げる。ハイデルベルク大学神学教授ヨハンネス・ヴェンクの批判に対して『知ある無知の弁明』を執筆。バーゼル（・フェラーラ・フィレンツェ）公会議が終わる。
五〇　教皇は、この年を聖年大赦の年と告知。四月二六日、ブリクセン司教に任命される。教皇と共にマルケ滞在。『知恵・精神・秤による実験について無学者の対話』『円の求積法』を執筆。
五一　翌年まで、教会・修道院改革のためドイツ各地を巡察。
五二　五月末、テーゲルンゼーのベネディクト会修道院を訪問、六月二日まで滞在。
五三　五月二九日、トルコのスルタン・メフメト二世によってコンスタンティノープル陥落。『信仰の平和』『神を観ることについて』を執筆。ブリクセン司教として、教会・修道院の改革に努めるが、領主の支配権を拡大しようとするティロール公ジギスムントとの紛争がしだいに激化していく。百年戦争（一三三七―）終結。
五六　グーテンベルクによりマインツで聖書が印刷される。
五七　ブリクセンでの紛争が悪化したため、そこを去り、ブーフェンシュタインのアンドラス城へ避難。『帝王求積法』『緑柱石』を執筆。
五八　友人エネア・シルヴィオ・ピッコローミニが教皇ピウス二世となり、クザーヌスはローマに呼び戻される。一二月三日、クースの養老院設立証書完成。

五九　教皇ピウス二世が、トルコとの戦争準備のために、マントヴァで開催されるヨーロッパ諸侯の会議に出かけた際、クザーヌスが代理としてローマと教皇領を統治。『相等性について』『創造についての対話』を執筆。
六〇　ブリクセンに帰還する。『可能現実存在』を執筆。四月一二日、ブルネック城でジギスムントの軍に包囲され、捕虜となり、講和を強いられる。ローマに帰還。
六一　健康を害し、オルヴィエトに赴く。
六一　『コーランの精査』を執筆。
六二　『非他なるもの』を執筆。
六三　前年から執筆していた『球戯について』を完成。『知恵の狩猟』を執筆。
六四　『神学綱要』『テオリアの最高段階について』を執筆。十字軍遠征のために、アンコナに向かうが、七月一六日、ウンブリアのトーディで発熱のために床につく。八月一一日、同地で死去。一四日にはアンコナで教皇ピウス二世も死去。

文献

1　クザーヌスの著作の翻訳（本書で用いられた書名と異なる場合がある）

『知ある無知』岩崎允胤・大出哲訳、創文社、一九六六年
『隠れたる神』大出哲・坂本堯訳、創文社、一九七二年［『隠れたる神についての対話』『神の探求について』（大出哲訳）、『神の子であることについて』（坂本堯訳）を収録］
『可能現実存在』大出哲・八巻和彦訳、国文社、一九八七年
『非他なるもの』松山康國・塩路憲一訳、創文社、一九九二年
中世思想原典集成17『中世末期の神秘思想』小山宙丸編、平凡社、一九九二年［『信仰の平和』（八巻和彦訳）、『創造についての対話』（酒井紀幸訳）、『知恵に関する無学者の対話』（小山宙丸訳）、『テオリアの最高段階について』（佐藤直子訳）を収録］
『光の父の賜物について』大出哲・高岡尚訳、国文社、一九九三年
『学識ある無知について』山田桂三訳、平凡社ライブラリー、一九九四年
宗教改革著作集13『カトリック改革』教文館、一九九四年［『カトリック協和論』第二巻13、15–18章（坂本堯訳）を収録］
キリスト教神秘主義著作集10『クザーヌス』教文館、二〇〇〇年［『神の子であることについて』『神を見ることについて』『観想の極致について』（坂本堯訳）、『知恵の狩猟について』（酒井紀幸・岩田圭一訳）を収

録〕
『神を観ることについて 他二編』八巻和彦訳、岩波文庫、二〇〇一年〔『神を観ることについて』『オリヴェト山修道院での説教』『ニコラウスへの書簡』を収録〕
『神学綱要』大出哲・野澤健彦訳、国文社、二〇〇二年

2 クザーヌス研究

K・ヤスパース『ニコラウス・クザーヌス』薗田坦訳、理想社、一九七〇年
E・モイテン『ニコラウス・クザーヌス』酒井修訳、法律文化社、一九七四年
日本クザーヌス学会編『クザーヌス研究序説』国文社、一九八六年
坂本堯『宇宙精神の先駆クザーヌス』春秋社、一九八六年
薗田坦『〈無限〉の思惟』創文社、一九八七年
同 『クザーヌスと近世哲学』創文社、二〇〇三年
渡邉守道『ニコラウス・クザーヌス』聖学院大学出版会、二〇〇〇年
八巻和彦『クザーヌスの世界像』創文社、二〇〇一年
八巻和彦・矢内義顕編『境界に立つクザーヌス』知泉書館、二〇〇二年

3 ルネサンス思想史

P・O・クリステラー『ルネサンスの思想』渡辺守道訳、東京大学出版会、一九七七年
『イタリア・ルネサンスの哲学者』佐藤三夫監訳、みすず書房、一九九三年

E・カッシーラ『個と宇宙——ルネサンス精神史』薗田坦訳、名古屋大学出版会、一九九一年
E・ガレン『イタリアのヒューマニズム』清水純一訳、創文社、一九六〇年
同　『ルネサンスの教育——人間と学芸の革新』近藤恒一訳、知泉書館、二〇〇二年
H・ブルーメンベルク『近代の正統性　Ⅲ』村井則夫訳、法政大学出版局、二〇〇二年
Ch・B・シュミット、B・P・コーペンヘイヴァー『ルネサンス哲学』榎本武文訳、平凡社、二〇〇三年

あとがき

本書は、Kurt Flasch, Nikolaus von Kues in seiner Zeit. Ein Essay (Philipp Reclam jun. Stuttgart, 2004) の全訳である。著者クルト・フラッシュ（一九三〇年マインツ生）は、一九七〇年から一九九五年までボッフム大学（Ruhr-Universität Bochum）の教授を務めた、ドイツにおける中世哲学研究の碩学である。その研究業績は、Corpus Philosophorum Teutonicorum Medii Aevi (Felix Meiner)、Dietrich Freiberg, Opera Omnia（Hamburg）の編集、そしてアウグスティヌス、アンセルムス、ニコラウス・クザーヌス、フライベルクのディートリッヒ、マイスター・エックハルト、カンパネッラの研究など多岐に及ぶ。主な著作を挙げておこう。

アウグスティヌスに関しては、

① Augustin. Einführung in sein Denken. Philipp Reclam jun. Stuttgart, 1980.

② Was ist Zeit? Augustinus von Hippo. Das XI. Buch der Confessiones. Historisch-philosophische Stuidie. Text–Übersetzung–Kommentar. Vittorio Klostermann, Frankfurt am

Main, 1993, 2004^{2}.
③ Augustinus. Confessiones. Bekenntnisse. Lateinisch/Deutsch. Übersetzt, herausgegeben und kommentiert von Kurt Flasch und Burkhard Mojsisch. Mit einer Einleitung von Kurt Flash. Philipp Reclam jun. Stuttgart, 2009
ニコラウス・クザーヌスに関しては、
④ Die Metaphysik des Einen bei Nikolaus von Kues. Problemgeschichtliche Stellung und systematische Bedeutung. Brill, Leiden 1973.
⑤ Nikolaus von Kues. Geschichte einer Entwicklung. Vorlesungen zur Einführung in seine Philosophie. Vittorio Klostermann, Frankfurt am Main, 1998.
⑥ Nikolaus Cusanus. Verlag C. H. Beck, München, 2001.
フライベルクのディートリッヒ、マイスター・エックハルトに関しては、
⑦ Dietrich von Freiberg: Philosophie, Theologie, Naturforschung um 1300. Vittorio Klostermann, Frankfurt am Main, 2007.
⑧ Meister Eckhart: Die Geburt der >Deutschen Mystik< aus dem Geist der arabischen Philosophie. Verlag C. H. Beck, München, 2006.

⑨ Meister Eckhart: Philosophie des Christentums. Verlag C. H. Beck, München, 2010.

さらに、中世哲学史に関しては、

⑩ Einführung in die Philosophie des Mittelalters. Wissenschaftliche Buchgesellschaft, Darmstadt, 1987.

⑪ Geschichte der Philosophie in Text und Darstellung. Mittelalter. (Hrsg.) Philipp Reclam jun. Stuttgart, 1982.

⑫ Das philosophische Denken im Mittelalter. Von Augustin zu Machiavelli. Philipp Reclam jun. Stuttgart, 1986, 2013^{3}.

⑬ Interpretationen Hauptwerke der Philosophie Mittelalter. (Hersg.) Philipp Reclam jun. Stuttgart, 1998.

などがある。

これらのうち、①に関しては塩路憲一氏、⑤に関しては八巻和彦氏の行き届いた書評が、それぞれ『中世思想研究』（中世哲学会）の第二六号（一九八四年）と第四二号（二〇〇〇年）に掲載されている。

上述のように、本書執筆に先立ち、フラッシュはすでに三冊のクザーヌス研究を公刊している。とりわけ⑤は、クザーヌスの哲学的な思考全体を発生史的に（genetisch）提示する七〇〇頁近い大著であり、彼のクザーヌス研究における主著である。⑥は、クザーヌスの著作『緑柱石』（De beryllo）を読み解く、異色のクザーヌス哲学入門である。それは、本書（九七頁）でも述べられているように、著者が『緑柱石』をクザーヌス自身による彼の哲学への入門書と考えるからである。本書がこれまでの著者のクザーヌス研究を踏まえて執筆されていることは、言うまでもない。本書において、フラッシュは、クザーヌスの思想の中心的な概念を「反対対立の合致」（coincidentia oppositorum）とし、その展開を彼の主要な諸著作をとおして叙述し、最後に彼の思想を一五世紀の歴史、思想・文化史（この点については⑫の五八九―六九一頁も参照）の中に位置づける。わずか百頁程度の中で、クザーヌスの思想の全体と含蓄そして彼の時代を捉えることを試みる著作である。クザーヌスと中世哲学史全体を熟知した著者にして、初めて可能なことであろう。

本訳では、原著の表題を若干変更し、『ニコラウス・クザーヌスとその時代』とした。翻訳に際し、クザーヌスの著作の引用は、既存の邦訳を参照しつつも、基本的には著者自身の独訳に従った。また訳語について、日本のクザーヌス研究では、intellectus を「知性」、ratio を「理性」と訳すのに対し、ドイツのクザーヌス研究では、本書にあるとおり、前者を Vernunft（理性）、後者を Verstand（悟性）と訳すことが多い。本訳もそれに従った。年表および日本語参考文献は訳者が加えたものである。年表の作成に当たっては、Morimichi Watanabe, Nicholas of Cusa. A Companion to his Life and his Times. Edited by Gerald Christianson and Thomas M. Izbicki. Ashgate, 2011 を参照した。

本訳の出版にあたり、上智大学教授の佐藤直子氏に初校を、早稲田大学教授の八巻和彦氏に再校を、お忙しい中にもかかわらず読んでいただき、数々の貴重なご指摘をいただいた。本訳において、大きな間違いを避けることができたとしたら、このお二人のクザーヌス研究者のおかげである。心から感謝するしだいである。最後に、この出版を快くお引き受け下さった知泉書館社長小山光夫氏に、心より御礼を申し上げる。

二〇一四年七月（クザーヌス没後五五〇年にあたる年に）

矢内　義顕

地名

人名・地名索引

人　名

矢内 義顕（やうち・よしあき）

1957年生まれ。現在早稲田大学商学学術院教授。
〔業績〕監修『中世思想原典集成10　修道院神学』（平凡社, 1997), 八巻・矢内編『境界に立つクザーヌス』(知泉書館, 2002), J・ルクレール『修道院文化入門―学問への愛と神への希求』（共訳, 知泉書館, 2004), J・グニルカ『聖書とコーラン―どこが同じで, どこが違うか』（訳, 教文館, 2012),「カンタベリーのアンセルムスにおけるスピリチュアリティ」（宗教史学論叢『スピリチュアリティの宗教史　下巻』鶴岡・深澤編, LITHON, 2012),「カンタベリーのアンセルムスにおける信仰と理性」（『中世における信仰と知』上智大学中世思想研究所編, 知泉書館, 2013), 他。

〔ニコラウス・クザーヌスとその時代〕　ISBN978-4-86285-193-2

2014年8月10日　第1刷印刷
2014年8月15日　第1刷発行

訳者　矢内義顕
発行者　小山光夫
製版　ジャット

発行所　〒113-0033 東京都文京区本郷1-13-2
電話03(3814)6161 振替00120-6-117170
http://www.chisen.co.jp
株式会社　知泉書館

Printed in Japan　印刷・製本／藤原印刷